우리 곁의 경찰관

우리 곁의 경찰관

송지연 지음

―― 경찰관의 마음 건강을 위한 심리 상담 ――

우리 곁의
경찰관

1쇄 발행 2025년 8월 27일

지은이 송지연
펴낸이 조일동
펴낸곳 드레북스

출판등록 제2025-000023호
주소 서울시 은평구 통일로 630 래미안 베리힐즈 203동 1102호
전화 02-356-0554 **팩스** 02-356-0552
이메일 drebooks@naver.com
인스타그램 @drebooks

인쇄 (주)프린탑
배본 최강물류

ISBN 979-11-93946-49-7 03300

- 이 책은 저작권법에 따라 보호받는 저작물이므로 무단 전재와 무단 복제를 금지하며, 이 책의 전부 또는 일부를 이용하려면 저작권자와 드레북스의 동의를 받아야 합니다.
- 책값은 뒤표지에 있습니다.
- 잘못된 책은 구입하신 서점에서 바꿔 드립니다.

강한 모습 이면의 크고 작은 상처
무게 뒤에 가려진 경찰관의 마음 건강을 위한 심리 상담

들어가는 글

길을 가다가 경찰 제복이나 경찰차를 보면 눈이 간다. 가만히 있어도 땀이 줄줄 흐르도록 더운 날 혹은 아무리 외투가 두꺼워도 살을 에는 추위를 막기 어려운 날, 날씨를 가리지 않고 경찰관들은 현장에 있다. 경찰 상담을 하기 전에는 잘 알아보지 못했다. 경찰통계연보에 따르면 2023년 한 해 경찰로 접수된 신고 건수는 21,476,000건에 달했다. 바쁜 경찰서 관할에서는 하루 한 번꼴로 변사사건이 발생한다고 한다. 경찰관은 다른 직업에서는 한 번도 마주하지 않을 만한 장면을 목격하고 심지어 자세히 들여다보는 일을 한다. 사건이나 사고에 휘말려 동요된 사람들, 사회의 사각지대에서 혼란을 겪는 사람들을 만난다. 누군가는 꼭 해야 하는 일이다. 그런 경찰이 우리 곁에 없다고 생각하면 등골이 오싹해진다.

경찰관을 포함하여 여러 업무로 우리 사회가 안전하도록 일하는 사람들을 생각한다. 지금도 곳곳에서 드러나지 않게 위험을 감수하며 애쓰고 있을 것이다. 공공을 위해 애쓰는 그들을 사회가 조금 더 관심을 두고 존중하길 바란다. 그들이 안전하고 건강해야 사회가 안전하고 건강할 수 있기 때문이다. 미국 심리학회에서는 경찰과 공공안전 심리학을 전문 분야로 소개하며, 법 집행 기관인 경찰과 공공안전 기관이 효과적이고 안전하며 건강하게 법과 윤리에 부합하는 방식으로 임무와 사회적 기능을 수행할 수 있도록 돕는 데 중점을 둔다고 설명하고 있다.

경찰관 상담이라는 특별한 분야에 종사하다 보니 인터뷰 요청을 종종 받는다. 이슈가 되는 사건이 있을 때 여러 매체에서 경찰관의 정신건강 실태나 지원 현황을 궁금해한다. 그리고 심리학을 전공하는 학생들이 현장 전문가 인터뷰를 위해 찾아오기도 한다. 경찰관 상담을 어떻게 시작하게 되었는지 질문을 받으면 처음을 돌아보곤 한다. 수련을 마치고 정신과에 근무하면서 트라우마 치료를 공부하던 시점이었다. 트라우마 치료는 관심 분야였지만 사실 그때는 경찰에 대해 아는 바가 없었다. 경찰관 상담에 대한 정보도 부족했다. 삶에서 가장 취약한 상태에 있는 내담자들을 주로 만나던 터라, 안정적이고 강한 이미지의 경찰관들을 만나 상담한다는 것이 와닿지 않았다. 그러던 중 좋은 분들의 격려를 받아 시범 운영으로 첫 센터를 여는 시기부터 경찰관 심리 상담을 시작했다.

 경찰관들을 만나면서 겉으로 드러나는 강한 모습 이면에 크고 작은 상처와 부드러운 부분이 있음을 발견했다. 때로 상처가 클수록 더 강한 모습으로 무장하기도 하는데, 표면의 딱딱한 갑옷은 자신을 보호하려는 시도라는 것을 배웠다. 상담으로 만난 모든 경찰관이 내게 많은 것을 가르쳐주었다. 트라우마로 힘들어하는 그들은 대부분 책임감이 강했고, 때로는 자신보다 다른 사람들을 더 걱정한다.
 경찰관은 까다로운 업무를 하는 사람들로 심리적인 힘과 자원이 있다. 그런데 법적 문제, 생사 문제를 다루기 때문에 다른 직종의 사람들과 그 일에 관한 이야기를 잘 나누기 어렵다. 일에서는 개인의 감정을 억눌러야 하므로 남들과 감정을 나누기는 더 어렵다. 그런 경찰관에게 상담자는 끔찍한 이야기나 고통과 압도감을 안정적으로 나눌 수 있는 대상이 된다. 직업적 특성을 이해받는다고 느끼면 치료적 동맹을 맺고 마음을 열 가능성이 커진다. 경찰관 심리 상담이 고통의 이야기를 안전하게 나눌 수 있는 자리, 그 과정을 통해 궁극적으로는 가려져 있던 개인 안의 고유한 가치, 의미와 연결될 수 있도록 돕는 기능을 했으면 한다.

경찰청에서 2013년 실시한 경찰 복지 실태조사 결과 보고서에 따르면, "사건 후유증으로 인한 정신적 고통 경험 있다"라고 응답한 비율은 43.4퍼센트였으며, "정서장애 예방을 위한 정신건강 증진 프로그램 매우 필요하다"라는 비율은 49.0퍼센트로 나타났다. 한편 같은 조사에서 "정신적 고통을 치료한 경험이 있다"고 한 경찰관은 전체 중 13.1퍼센트에 불과한 것으로 나타났다. 많은 경찰관이 정신적 고통을 경험한 적이 있고 정신건강 증진 프로그램의 필요성도 인식하고 있지만, 막상 전문적인 도움을 받지 않거나 받지 못하고 있다는 것이다.

이런 필요성에서 경찰 전담 심리 지원 기관인 마음동행센터가 설립했다. 마음동행센터를 이용하는 경찰관 수는 정식 개소한 2014년 1,279명이었으며, 이후 18개 센터가 운영되기 시작한 2019년에는 6,183명으로 늘었고, 2023년 1만8,962명으로 증가했다. 마음동행센터 정신건강 서비스를 받은 인원이 10년 사이 10배 이상 늘었으니 규모 면에서 괄목할 만한 성장이다. 2013년 경찰 복지 실태조사 때보다 더 많은 인원이 치료를 받았으리라 기대해본다. 하지만 전체 경찰관 인원에 비하면 이용 인원은 물론 상담 인력이 적고, 아직도 갈 길이 멀다. 강인한 경찰관이라는 직업적 정체성, 경직된 조직 문화, 낙인에 대한 두려움 등으로 인해 여전히 상담이나 치료에 선뜻 나서지 못하는 경찰관도 여전히 많을 것이다. 마음동행센터가 규모 면에서 확장되는 동시에 내실을 다져 경찰 조직원 누구나 신뢰하고 찾을 수 있는 곳이 되길 기대해본다.

 수사연구사에서 인터뷰 요청을 받았을 때, 경찰 전문 잡지가 있다는 것을 처음 알았다. 두서없는 말이 잘 정리된 인터뷰 기사가 나가고 2년쯤 지났을 때 《수사연구》 전 편집장이 칼럼 연재를 제안했다. 이태원 참사 이후 나라 전체가 충격과 슬픔의 한가운데 있던 시기였다. 직간접적으로 영향을 받은 경찰관들에게 도움이 될 만한 내용을 전하고 싶었다. 장기적으로는 심리 상담이나 정신과 치료에 대한 거부감 개선에 조금이라도 도움이 되지 않을까 싶어 2023년 1월부터 칼럼 연재를 시작했다.
 상담실에서 만나게 될 경찰관들을 떠올리면서 건네고 싶은 말들을 쓰려 했다. 경찰 업무에 특수적인 트라우마를 중심으로 자주 다루는 주제들을 정리했다. 현재 겪고 있는 어려움에 대한 이론적인 설명, 필요한 방법을 상담 과정에서 설명할 때가 있는데, 그 내용을 글에 담고자 했다. 본인의 어려움이 어떤 것인지 이해하는 것 자체가 큰 도움이 된다. 개인의 문제만으로 돌리기보다는 누구나 경험할 수 있는 공통의 어려움으로 개념화할 때 안도감을 느낄 수 있고 대처하기가 수월해진다. 동시에 각 개인의 역사와 개성에 따라 고유한 고통을 겪는다는 것을 놓치지 않아야 한다. 상담을 길 찾기에 비유하곤 하는데, 치료 이론은 지도와 같다. 가이드가 되어 함께 길을 찾아가는 상담자에게 이 지도는 방향을 잡고 길을 짚어가며 내담자와 소통하는 데 도움을 준다. 하지만 지도만으로는 그날의 날씨, 길모퉁이마다 달라지는 풍경들, 발밑의 돌부리를 다 발견할 수는 없다. 그래서 천 명을 만나면 천 가지의 상담이 이루어진다.

인터뷰나 칼럼 요청을 받을 때 상담 사례를 소개해달라는 요청이 많은데, 이런 상담의 고유성과 생생함 때문이라고 생각한다. 그러나 실제 사례를 소개하지는 않는다. 특히나 심리 상담 등 전문적인 개입에 대한 낙인을 걱정하는 문화에서는 자칫 내밀한 이야기가 쉽게 나가는 것으로 오해될까 싶어 일부 개인으로 구별하지 않도록 변형한 언급 외에는 쓰지 않았다. 예시 대부분은 글을 쓴 나 자신에 대한 이야기라고 봐도 무방하다. 상담을 받고 드물게 본인의 이야기를 사례로 남겨달라는 경찰관이 있어 언젠가는 그런 기회도 있을까 생각해본다. 어떤 분들은 적극적으로 본인의 경험을 동료들에게 오픈해서 나누고 도움을 주려 노력하고 있다.

생각보다 글을 완성해서 보내는 일이 쉽지 않았다. 글이 실리고 나면 누가 읽었을까, 누군가에게는 한마디라도 도움이 되었을까 의구심만 키워가던 중에 몇몇 분이 글을 잘 읽었다며 피드백해주었다. 그중에는 상담으로 만난 내담자도 있었다. 따뜻한 글이 자신에게 위로가 되었다고 하니, 최고의 피드백이었다. 연재했던 글들이 드레북스 대표의 제안으로 책으로 묶였다. 경찰관들이 읽고 위안과 정보를 얻었으면 좋겠고, 경찰 심리 상담에 관심 있는 이들에게 생각할 거리가 되었으면 하는 마음이다.

인터뷰하고 나면 필요하고 도움되는 말을 했는지, 내가 이렇게 말해도 되는지 생각이 많아졌다. 그간의 글들을 묶어 내어놓는 지금도 그렇다. 인터뷰 때나 간혹 상담실을 찾은 분들 중 상당수가 이런 질문을 한다. "상담하시기 힘들지 않으세요?", "힘들 때는 어떻게 하세요?" 나 역시 필요할 때는 상담받는다. 무엇보다 내담자들에게 하는 말과 그들에게 권하는 방법을 나 자신에게 먼저 적용해본다.

나의 오래된 습관 중 하나는 힘이 되고 위안을 주는 문구를 발견하면 캡처하거나 저장해놓는 것이다. 최근에는 안미옥 시인의 시 〈생일 편지〉 중 한 구절을 메모지에 써서 모니터 옆에 붙여 놓았다. "너는 무서워하면서도 끝까지 걸어가는 사람." 상담자라고 해서 삶의 고통을 피할 수 없고, 아무렇지 않게 지나갈 수도 없다. 스스로 한없이 작게 느껴질 때가 많다. 그런데 두려운 일 앞에서는 두려운 것이 맞고, 슬픔 앞에서 슬퍼하는 것이 자연스럽다. 무서워도 쉽게 고개 돌리지 않고 고통을 감싸 안으며 한 걸음 한 걸음 나아가는 모든 마음에 응원을 보낸다.

차례

들어가는 글

1장   누가 나를 지켜줄까

019 직업적 금지 안에 숨은 상처
책임감과 사명감에 가려진 / 모두를 위한 한 사람의 아픔 / 혼자 끌어안기에는 고통스러운 / 우리는 혼자가 아니다

028 기억의 재구성
그 일을 떠올릴 때마다 / 명시적 기억과 암묵적 기억 / 아픈 기억을 지울 수 없겠지만 / 살아남았기에 함께할 용기

037 내가 그 일을 겪은 것처럼
현장의 기억이 잊히지 않아요 / 경찰관과 상담사의 공통점 / 경계선은 안녕합니까

045 애도하는 마음
살아 있는 사람들의 시간 / 애도가 일상이 되는 직업 / 슬픔에도 법칙이 있을까 / 차마 울지 못하는 우리를 위하여

055 고통을 어떻게 받아들일까
내가 아닐 이유는 없다 / 자신을 온전히 들여다보면 / 다 알 수 있다면 바꾸겠어요

064 지친 나와 동료를 돌아볼 때
자살을 이야기해야 하는 이유 / 누구에게나 일어날 수 있는 일 / 꺼내지 못한 말이지만 / 고통을 보고 듣고 말하라

2장 \ 경찰관도 사람이다

077 **누가 이 마음을 보듬어줄까**
경찰관 5명 중 1명 트라우마 호소해 / 경찰복 안의 트라우마 / 내 몸이 내게 보내는 신호 / 경찰관도 사람이다

084 **민원인보다 내부인이 힘들다면**
나를 무시하니까 그러는 거야 / 나의 메시지로 구체적으로 말해야 / 이 마음은 어디에서 비롯했을까 / 우리 사이에는 섬이 있다

093 **완벽주의와 자기 의심**
그때 그렇게 했더라면 / 수치스럽고 죄책감에 시달리고 / 수치심의 나침반 / 내면의 비난에서 벗어나는 길 / 있는 그대로 나를 사랑하라

103 **내 속에는 내가 너무도 많아**
나도 모르는 내 안의 나 / 어린싹이 꽃이 되기 위하여 / 남들에게 강하게 보여야 해요 / 여전히 내 안에 박힌 못 / 내 안의 나를 기꺼이 품어야

113 **트라우마 치유의 시작**
내 마음과 마주하는 공간 / 현재 이 순간을 살기 / 내게는 선택할 힘이 있다

122 **마음챙김으로 나와 마주하기**
마음챙김을 찾는 사람들 / 호흡과 몸으로 마음챙기기 / 지금 나를 비우는 시간

132 **나는 혼자가 아니다**
인간은 결코 혼자 살 수 없다 / 트라우마가 관계에 미치는 영향 / 그 사람 곁에 있어줄 때 / 함부로 조언하지 마라

139 **역경 후에 오는 것들**
내 안에 내재된 힘, 회복탄력성 / 역경은 역경에 머물지 않는다 / 빛이 들어오는 방법

3장 함께여서 다행이다

149 무엇에 몰두하고 있는가
주의를 기울인다는 것 / 내 안에 숨은 본능 알아차리기 / 그렇게 하는 데는 이유가 있다 / 잠시 몸과 마음을 놓아두어야

158 오늘도 욱하셨나요
화는 뜨거운 석탄을 쥐고 있다 / 화를 내면 화가 가라앉을까 / 내 안의 분노를 볼 수 있다면 / 슬기롭게 화를 다스리는 방법

166 배터리가 소진되었습니다
충전이 필요한 상태 / 나를 소진하게 하는 것들 / 갈수록 좁아지는 깔때기처럼 / 도움을 청하는 용기

175 잘 자는 것도 능력이다
어제도 잠 못 들었나요 / 잠과 꿈과 트라우마 / 패턴을 알면 잠이 잘 온다 / 잘 자는 것도 능력이다

184 끊을 수 없다면 인정하라
혹시 과도하게 빠지지 않는가 / 경찰관이라고 다르지 않다 / 지금 여기에서 행동하는 것 / 더 나은 삶을 위한 변화

193 나는 잘 해왔고 잘할 것이다
왜 자꾸 인상이 굳어질까 / 지금의 나와 어제의 나 / 생존보다 강한 힘 / 나는 잘 해왔고 잘할 것이다

201 문은 언제나 열려 있다
드라마와 현실 사이에서 / 남들이 알까 겁나고 불안하다면 / 마음의 건강부터 지킬 때

209 가까워서 어려운 관계
사랑하는 사람에게 욱할 때 / 어느 관계나 문제는 있겠지만 / 우리는 정말 사랑하고 있을까가

218 우리에게는 무지개가 있다
엑스레이로 볼 수 없는 것 / 빛은 나선형으로 다가온다 / 조급하고 더디고 힘들더라도 / 우리 곁에 깃드는 빛

누가 나를 지켜줄까

직업적 긍지 안에
숨은 상처

책임감과 사명감에 가려진

경찰관은 사회 치안유지 등 공공 업무를 수행하는 직업이다. 사기업에서 근무하는 사람보다 사회적으로 높은 수준의 도덕 기준이 요구된다. 누군가를 강제하거나 구속할 때 또는 위기 상황에서 누군가를 구출해야 할 때, 법적인 요건에 맞춰 업무를 수행한다. 그러나 모든 상황이 법에 명시되어 있는 것은 아니며, 순간순간의 판단과 행동에는 도덕과 윤리적 기반이 필요하다. 범죄나 위반을 저지른 사람은 어떻게든 빠져나가기 위해 여러 수단으로 경찰관을 유혹할 수도 있다. 유혹으로부터 자신을 지키기 위해서라도 도덕적인 태도는 몸에 배어 있어야 한다.

경찰관의 업무를 공정하게 수행하려면 경찰관 개개인이 도덕적 태도를 지니고 있어야 하며, 조직 역시 함께 책임을 다하는 방향으로 조직문화가 형성되어 있어야 한다. 어떤 잘못은 일반인이라면 넘어갈 사안임에도 경찰이기 때문에 더욱 엄격하게 징계 등으로 책임을 지기도 한다. 이 때문에 경찰관들은 부담감을 느낀다. 엄격한 도덕적 잣대로 경찰관을 바라보기 때문에 경찰관이라는 직업을 드러내지 않기도 한다.

도덕적인 정체성은 경찰관이라는 직업의 정체성 중에서 큰 부분을 차지한다. 여타 다른 일처럼 경제적 보상을 위한 하나의 직업이기는 하지만, 밑바탕에는 공공을 위해 일한다는 책임감과 사명감이 자연스럽게 따라온다. 이것은 부담스럽고 긴장되는 요소가 되기도 하지만, '정의로운 경찰관'이라는 정체성은 직업적 자부심이 되기도 한다. 신임 경찰관들을 상담하면서, 경찰이라는 직업을 선택한 이유를 묻곤 한다. 대부분이 이 일이 누군가를 돕고, 좋은 일이라서 더 끌렸다고 대답한다. 험하고 거친 상황을 마주하면서도 보람이 있기에 일을 이어갈 힘이 생긴다.

도덕은 사전적으로 '사회의 구성원들이 양심, 사회적 여론, 관습 따위에 비춰 스스로 마땅히 지켜야 할 행동 준칙이나 규범의 총체'라고 정의한다. 진화적 관점에서는 도덕의 발달을 다음과 같이 바라본다. 인간이 자기 자녀 등 개체를 보호하고 유지하기 위해 공감의 감정이 발달했다. 점차 수렵이나 채집 활동과 양육 활동을 함께 하면서 협력과 공정의 감각이 발달했다. 그리고 집단이 커지고 여러 집단이 생기면서 '우리'와 '그들'을 분리하는 집단정체성, 집단 내 상호 의존, 집단 간 교류와 공존 등으로 정의, 의무, 도덕이 발전해왔다. 즉 도덕은 우리가 사회적인 존재로서 함께 살아남도록 해준 진화의 산물이다.

인간에게는 진화적 과정을 통해 뼛속 깊이 도덕 가치가 내재해 있다. 이를 위반하는 상황을 맞닥뜨릴 때 정체성의 혼란, 신뢰 상실, 집단으로부터 거부되는 감각, 수치심, 죄책감 등을 경험한다. 경찰관에게는 도덕적 정체성이 중요하기 때문에 도덕적으로 옳지 않은 상황에 맞부딪히면 큰 스트레스를 경험하거나 심한 경우 도덕적 손상을 입을 수 있다.

모두를 위한 한 사람의 아픔

'도덕적 손상'은 정신과 의사 조너선 셰이가 전쟁을 치르고 돌아온 참전군인들에게서 나타나는 양상을 관찰하면서 명명한 용어로, 깊이 간직한 도덕적 신념의 위반 또는 중대한 위험 상황에서의 배신과 같은 사건을 경험한 후 겪는 지속적인 심리 사회적·영적 영향을 말한다. 외상 후 스트레스가 공포를 중심으로 여러 증상을 보이는 것이라면, 도덕적 손상은 죄책감을 중심으로 어려움을 겪는 것을 말한다.

전쟁에 참여했다면, 죽음의 위기를 겪기 때문에 공포와 불안, 과각성과 혼란 등을 경험하리라 예측할 수 있다. 그런데 어떤 군인은 공포보다는 수치심과 죄책감, 좌절감, 우울감을 주로 나타냈는데, 이는 도덕적 위반을 직접 경험하거나 목격한 때문이다. 전쟁 중에는 의도적인 살상, 동료의 죽음을 막지 못하는 것, 혹은 믿었던 동료나 상사의 배신과 같은 일이 일어나기 쉽다. 이런 도덕적 위반의 경험은 한 사람의 영혼에 상처를 입힐 수 있다.

도덕적 손상은 죄책감, 좌절감, 우울감, 자기 손상, 수치심, 영성이나 신앙의 상실, 거절의 감각과 같은 경험을 포함한다. 생명의 위협과 같은 트라우마 사건을 경험하는 것만으로 도덕적 손상을 가져오지는 않는다. 도덕적 규범이나 가치에 반해 어떤 일을 했거나 하지 못했던 것, 다른 사람이 도덕적 위반행위를 하는 것을 목격하는 것, 혹은 다른 사람의 도덕적 위반행위로 직접적인 영향을 받는 것과 같은 경험이 도덕적 손상을 일으키는 사건들이다. 도덕적 손상은 그 자체가 장애나 진단명은 아니다. 그러나 자기 정체성의 손상, 영성이나 종교성 상실, 타인과의 관계 손상 등 깊은 상처를 가져올 수 있다. 이런 내면의 상처를 방치할 때 외상 후 스트레스 장애나 우울증과 같은 정신건강 문제로 이어질 위험성이 있다.

도덕적 손상은 군인들을 대상으로 연구되고 발전되어 온 개념이지만, 다양한 직업군에 적용할 수 있다. 코로나19 팬데믹 시기 미국에서의 연구 결과, 의료 종사자들에게 번아웃뿐만 아니라 도덕적 손상도 심한 것으로 나타났다. 당시 아픈 사람들이 병원에 오는 것조차 어려웠고, 병원에 당도해서도 의료 인력이나 자원 부족으로 인해 치료받지 못한 채 사망하기도 했다. 죽음의 위험에 처한 사람을 살려내야 한다는 의료진의 직업적 정체성과 도덕적 가치를 지키기 어려운 환경이었다. 의료 종사자 중 상당수가 죄책감, 수치심, 정체성 상실, 배신감 등을 경험한 것으로 보고되었다.

혼자 끌어안기에는 고통스러운

교사나 언론인들이 경험하는 도덕적 손상에 관한 연구도 있다. 이들은 도덕적 갈등 상황에 노출될 위험이 크다. 언론인의 경우 사회적으로 큰 참사 현장에서 유가족을 인터뷰하는 행위 자체가 과연 옳은 일인지, 궁극적으로 도움이 되는 일인지 갈등에 빠질 수 있다. 언론인으로서 공공의 이익을 위한다는 직업적 윤리나 가치에 반하는 내외적 요구와 압력에 직면할 때 도덕적 갈등이 발생하기도 한다. 한 국내 연구에서는 교사들을 위한 도덕적 손상 척도를 개발했는데, 이 연구에 따르면 불공정한 관행과 학생 및 학부모와의 관계에서 경험하는 윤리적 딜레마가 도덕적 손상 경험으로 보고되었다. 보호받지 못하는 교권, 민원 해소에 집중할 수밖에 없는 학부모와의 관계, 권위를 상실한 교실 내 학생과의 관계 등이 수치심과 좌절감, 배신감과 분노, 그리고 신뢰 상실과 같은 도덕적 손상으로 이어진다.

경찰관의 도덕적 손상을 연구하기도 한다. 호주와 뉴질랜드 경찰관들을 대상으로 한 연구에서는 경찰관들은 옳고 그름에 대한 개인의 신념에 반하는 일을 해야 할 때, 조직의 사람들에 의해 배신당했다는 느낌을 받을 때, 자신의 도덕과 다른 행동을 하는 사람을 목격할 때, 무엇인가를 해야 하는데 하지 못했을 때, 도덕이나 신념 또는 가치에 반하는 행동을 하는 범죄자를 볼 때, 동료의 부패 행위나 옳지 못한 행동을 볼 때 도덕적 스트레스를 경험하는 것으로 나타났다.

우리나라 경찰관들도 도덕적 갈등을 느끼는 상황이 많다. 집회나 시위 현장에서 집회 참여자들이 호소하는 이슈에는 공감하더라도 참여자들에게 강제력을 사용해야 하는 상황이 생길 수 있다. 경찰관의 생활을 담은 드라마 〈라이브〉에서는 집회 중인 대학생들을 해산시키는 장면에서 경찰관의 내적 갈등, 혼란감 등을 표현하기도 했다. 누군가를 돕고 문제를 올바르게 해결하는 경찰관이라는 정체성과 어긋나는 상황을 마주하면서 도덕적 손상을 입을 수 있다. 구조 상황에서 결국 한 생명을 구하지 못한 결과 때문에 죄책감과 수치심에 빠질 수 있다. 상사의 지시에 따라 했던 일이 내적인 도덕 가치에 어긋나는 것일 수 있다. 더구나 이로 인해 징계나 소송의 위기에 처한다면 죄책감과 함께 극도의 배신감과 분노를 겪기도 한다.

이와 같은 상황을 겪은 뒤 수치심이나 죄책감이 과도하게 이어지고, 자신이 좋은 사람이 아니라고 느껴지며, 세상이나 타인을 믿을 수 없고, 인간성이나 신의 존재에 대한 믿음을 잃고, 배신감과 분노로 자제력을 잃을 것 같은 경험이 계속 이어진다면 도덕적 손상을 겪고 있을 가능성이 크다.

우리는 혼자가 아니다

미국의 심리학자들은 도덕적 손상에 대한 수용 전념 치료를 개발했다. 도덕적 고통이 일어났을 때 피하거나 통제하기 위해 노력하는 행동 패턴이 도덕적 손상 경험이라고 보았다. 도덕적 고통을 일시적으로 줄이기 위해 술을 마시는 행동을 지속할 때 사회적·심리적·영적 고통이 심해지고 오래 이어질 수 있다.

도덕적 고통은 도덕적 가치에 어긋나는 상황에 따른 반응이다. 예를 들면 '나는 행복할 자격이 없다' 또는 '나는 그들을 절대 용서할 수 없다'라는 생각, 죄책감·수치심·경멸·분노·혐오감 등의 감정, 메스꺼움 등의 감각, 고립되고 숨고 싶은 충동을 경험할 수 있다. 도덕적 고통을 회피하고 통제하려는 노력이 이어진다면 장기간 고립되어 긍정적인 감정을 경험할 가능성이 줄어들고, 삶의 의미를 찾기 어려워지며, 타인과의 관계가 망가지며, 자기 자신과의 관계도 손상된다. 일부는 이런 고통을 피하려 자살과 같은 극단적이고 해로운 방법을 시도해서 역설적으로 자신과 주변 사람들에게 새로운 도덕적 고통을 더하기도 한다. 도덕적 고통은 정신병리가 아니라 도덕적 가치 위반을 경험했다는 신호다. 고통을 피하기보다는 고통의 신호에 귀를 기울이고, 도덕적 가치와 재연결하는 시도가 필요하다.

혹시 여러분이 이런 상황이라면 도덕적인 고통을 수용하는 것이 우선이다. 생각, 감정, 감각, 충동을 피하거나 통제하려는 시도를 잠시 멈추고 있는 그대로 알아차리도록 한다. 이때 판단이나 평가 대신 있는 그대로 관찰하는 마음챙김 태도를 갖춘다. 고통스러운 경험을 감싸 안기 위해 자신을 자비로운 마음으로 대한다. 도덕적 고통을 피해야 하고 통제해야 할 것으로 보는 대신, 도덕적 고통이 자기 자신과 자신의 삶에 필요로 하는 것이 있다는 신호를 보내고 있음을 알아차린다. 사람과의 관계에서 더 진실해질 필요성, 자신이 원하는 삶이나 자신이 중요시하는 가치를 배울 필요성이 있다. 삶의 중요한 가치와 다시 연결하고, 고통에도 불구하고 가치에 전념하는 행동을 실천할 수 있음을 깨닫는다. 가족이나 동료들과 소통하고 연결되는 경험을 하는 것, 종교적인 활동에 참여하거나 종교인과 만나거나, 필요하다면 심리 전문가에게 상담을 받는 것도 좋다.

  도덕적 손상을 치유하기 위해 심리적 개입을 소개했지만, 도덕적 손상은 개인 내적인 심리적 현상만으로 설명하기는 어렵다. 도덕 자체가 사회적인 개념이며, 영성과 종교성을 포함하고 있다. 수용 전념 치료에서도 도덕적 손상을 정신과적 증상으로만 개념화해서 치료의 대상으로 보지 않는다. 삶의 전체적인 맥락과 사회적 관계 속에서 도덕적 고통을 수용하고 그 의미를 알아차리고 가치와 다시 연결하는 것을 치유의 과정으로 본다. 도덕적 손상을 예방하고 치유하기 위해서는 개인 차원의 노력만으로는 어렵다. 강압적이고 닫혀 있는 체계 속에서 구성원들은 억눌리고 상처 입을 가능성이 크며, 개인들은 단절되기 쉽다. 조직이 도덕적 가치를 추구하고 개인을 보호하는 방향성을 가지고 시스템을 갖춰야 한다.

기억의 재구성

그 일을 떠올릴 때마다

 수사 과정에서 목격자 진술은 중요한 단서로 다뤄진다. 그러나 목격자의 기억을 얼마나 신뢰할 수 있는지 다양한 측면에서 고려할 필요가 있다는 사실은 이미 많이 알려져 있다. 기억과 관련한 인지심리학 실험 결과, "자동차가 서로 충돌했을 때 속도는 얼마인가?"라고 질문했을 때와 "자동차가 서로 부딪혔을 때 속도는 얼마인가?"라고 질문했을 때, 답변에 유의미한 차이가 있었다고 한다. '충돌'이라는 단어를 포함하여 질문했을 때 속도를 더 빠르게 보고하는 경향이 있었다고 한다. 이와 같은 기억의 왜곡 때문에 목격자 또는 피해자의 진술을 받을 때 유도하는 질문은 되도록 하지 않도록 주의할 필요가 있다. 특히 어린아이들은 암시하는 말에 쉽게 흔들리기 때문에 더욱 주의가 필요하다고 알려져 있다.

이런 기억의 불안정성과 불확실성은 수사 과정에서는 곤란한 요소이지만, 트라우마 기억에서는 매우 희망적인 사실이다. 과거 고통스러운 기억은 떠올릴 때마다 새롭게 다시 쓰일 기회가 있다는 뜻이기 때문이다. 실제로 상담 장면에서 고통스러운 기억을 여러 가지 방식으로 재구성하는 기법을 활용하고 있다.

과거 경험했던 충격적인 기억은 특정한 장면과 그 당시의 느낌이 그때로 돌아간 것처럼 되풀이해서 경험될 수 있다. 고장난 레코드판이 튈 때 노래 한 소절만 끝없이 반복되는 것처럼 말이다. 불편한 기억이 원하지 않는 때 불쑥불쑥 떠올라 반복적으로 힘들게 할 수 있다. 이런 양상은 외상 후 스트레스 장애의 첫 번째 증상으로, 기억이 침투한다는 의미로 '침습' 혹은 기억을 다시 경험한다는 의미로 '재경험'이라고도 한다.

기억 경험은 당시의 이미지, 관련된 생각, 감정, 감각 경험, 움직임, 충동과 같은 요소로 이뤄져 있다. 운전하다가 교통사고가 난 이후 트라우마 증상을 경험하는 사례를 들어보자. 차에 타는 순간 사고 기억이 떠오를 수 있다. 빠르게 다가오는 차와 부딪히기 직전의 이미지와 타이어 마찰 소리, '내가 이 상황을 통제할 수 없구나' 하는 생각, 죽음이나 부상에 대한 두려움, 쿵쾅대는 심장 박동, 운전대를 잡고 있던 손과 팔의 긴장, 브레이크 페달을 밟으려던 다리의 긴장 등이 나의 의지와 상관없이 일어난다.

이와 같은 기억의 부정적인 요소들은 조각조각 뒤죽박죽으로 떠오르는 편이다. 이 과정은 제대로 의식하기조차 쉽지 않다. 매우 본능적이고 반사적으로 일어나기 마련이다. '그날의 교통사고'라는 말만 떠올려도 여러 감각과 느낌, 감정이 순서와 예고도 없이 튀어 오른다.

명시적 기억과 암묵적 기억

 기억의 종류는 여러 가지로 나눌 수 있는데, 그중 한 가지는 명시적 기억과 암묵적 기억이다. 명시적 기억은 의식적으로 말로 표현할 수 있는 기억을 말한다. 사고가 났을 때 어떤 일이 일어났는지 시간순으로 언어적인 설명이 가능하다. 반면에 암묵적 기억은 언어적으로 설명하기 어려운, 신체적이고 감정적으로 경험되는 기억을 말한다. 어릴 때 시골집에서 할머니가 삶아 주신 것과 비슷한 옥수수 냄새를 맡았을 때, 고소하고 쫀득한 찰옥수수의 맛, 시골집의 풍경과 여름날의 더위와 습도, 할머니의 미소와 따뜻한 손 같은 것들이 함께 떠오르는 것과 같다. 또는 자전거를 타거나 피아노를 치는 것을 말로 설명하기는 어렵지만, 직접 자전거에 올라타거나 피아노 앞에 앉으면 자연스럽게 다리가 페달을 구르고 손가락이 건반을 치는 것을 들 수 있다.

트라우마 기억도 명시적 기억과 암묵적 기억으로 이루어져 있다. '그때 이런 일이 있었다' 라는 언어적인 명시적 기억이 있다. 그리고 기억을 떠올릴 때 일어나는 긴장과 같은 감각들, 불안 등 여러 감정, 몸을 움츠리는 움직임 충동들을 포함하는 암묵적인 기억이 있다. 기억을 처리할 때는 특히 이 감각들과 감정들, 신체적 반응들로 이루어진 암묵적 경험을 다루는 것이 매우 중요하다.

과거의 부정적인 기억과 관련된 어려움 때문에 상담하러 온 경찰관들은 대부분 머리로는 이 모든 일이 이미 다 지나간 일이며 더이상 자신에게 해를 끼칠 수 없다는 사실을 알고 있다고 언급한다. 생각은 그렇게 하지만 막상 그때의 일이 떠오르면 몸의 긴장과 감정적 불편감이 일어난다. 긴장과 불편감은 '나는 무력하다' 라는 등의 부정적인 생각으로 이어질 수 있다. 신체적 반응과 감정 등 암묵적 기억 상태를 떠올리고 처리하지 못한 채 생각만으로 괜찮다고 되뇌는 것은 피상적인 대처가 될 수 있다.

아픈 기억을 지울 수 없겠지만

사고 기억 안에서 운전석에 앉아 있는 자신의 관점으로만 상황을 바라볼 수 있다. "그때 더 빨리 브레이크를 밟았어야 했는데 몸이 움직이지 않았다", "나는 나를 통제할 힘이 없는 사람이다"

라는 식으로 교통사고 이야기를 이어간다. 그런데 사실 그런 사고는 매우 짧은 시간에 일어나기 때문에 실제로 대처할 인지적·신체적 여유가 허락되지 않았을 것이다. 기억을 찬찬히 떠올리고 감각들을 하나하나 되짚어보고, 그래서 그 시간이 지나치게 짧았다는 것을 역설적으로 이해하면 자신을 부정적으로 바라보는 관점이 바뀔 수 있다.

여기에 더해 신체 기반 트라우마 치료에서는 그때는 너무 짧은 시간에 너무 압도적인 일이 과하게 일어나서 실제로 하지 못했던 대처 반응을 치료 시간에 천천히 해보기도 한다. 즉 미처 행동하지 못하고 몸에 남아 있는 긴장 에너지를 천천히 충분히 방출함으로써 그 일이 종결되었음을 몸에 알려준다. 생각만이 아니라 몸의 기억을 다시 쓰는 것이다. 운전대를 돌리는 것, 브레이크를 밟는 것을 하려다가 그때의 기억은 멈춰버렸다. 기억을 다시 떠올려 팔을 끝까지 돌리고 다리와 발을 힘껏 밀어냄으로써 이제 정말로 그 일이 끝났다는 것을 생각만이 아닌 몸으로 체험한다. 이는 감각운동 심리치료에서 활용하는 대표적인 기법의 하나다.

이렇게 기억을 다시 떠올리고 관점을 바꾸는 것은 안전한 상담실에서 이루어진다. 과거 위험하고 불안정했던 기억을 지금 여기 안전하고 따뜻한 공간에서 치료자와 함께 떠올린다. 그러면 과거의 기억에 지금 여기의 안전함과 따뜻함이 연결되고 통합된다. 고장난 레코드판처럼 부정적인 기억이 되풀이되는 것을 멈추고, 거기에 긍정적인 요소들을 더해 새롭게 이야기를 이어간다.

지난 일을 떠올린다는 것은 뇌 안의 기억 저장소에서 기억을 꺼내어 기억 작업대에 올려놓는 것이기도 하다. 기억의 작업대는 처리할 기억 용량이 한정되어 있다. 힘든 기억을 떠올리면서 다른 작업을 한다면 과거 기억은 희미해지는 효과를 거둘 수 있다. 이런 작업 기억 이론을 바탕으로 기억을 떠올리는 동시에 눈동자를 왔다 갔다 하는 안구 운동을 하거나, 몸을 움직이거나, 숫자를 세는 등의 과제를 하는 방법도 있다. 즉 과거 기억에만 머무를 수 없도록 방해하는 현재 주어지는 과제를 실행함으로써 기억이 자연스럽게 희미해지도록 돕기도 한다. 이는 안구 운동 둔감화 재처리 요법(EMDR)의 최신 치료 기제다.

이 방법들을 포함해 여러 방식으로 기억을 떠올리고 처리하도록 돕는 작업을 하고 나면 자연스럽게 과거 기억이 재구성될 수 있다. 그 과정에서 가치 있고 도움되는 의미들이 기억에 새롭게 부여될 수 있다.

심리학자 도널드 마이켄바움은 '우리는 모두 작가'이며, 인지적 이야기 관점에 따라 자기 삶의 중요한 사건을 자기 자신과 타인에게 말하는 이야기가 중요하다고 말한다. 그런데 트라우마는 대개 '자기 패배적인 이야기'를 만들어낸다. 폭력 현장에 출동해 가해자를 제압하는 과정에서 다친 경험을 생각해볼 수 있다. 이런 일은 바라보는 관점에 따라, 그리고 사건의 맥락에 따라 여러 버

전으로 만들어질 수 있다. 경찰관들은 강한 책임감, 문제를 해결해내야 한다는 높은 기준을 가진 경우가 많다. 과도하게 높은 기준으로 상황을 바라보면서 '그때 내 능력이 부족해서……' 라는 방식으로 기억을 구성할 수 있다. 또는 '모든 사람은 믿을 수 없기에 늘 날카롭게 날이 선 채 경계해야만 한다'거나 '세상은 위험으로 가득 차 있다'라는 과도한 긴장과 경계로 이야기를 만들 수 있다.

그런데 또 다른 선택지들이 있다. '그 당시 할 수 있는 최선을 다했다', '그때의 대처로 누군가를 구할 수 있었다', '그때 힘든 상황에서 도와준 동료 덕분에 거기에서 벗어날 수 있었다', 또는 '위험한 상황을 겪고 나니 이제 앞으로는 더 잘 대처할 노하우가 생겼다'라는 등 더 도움되고 가치 있는 방향으로 이야기를 이어갈 수도 있다. 어떻게 기억할지 기억을 처리하는 과정을 통해 선택할 수 있다.

살아남았기에 함께할 용기

앞에서 설명했듯이 기억이란 수동적이고 고정된 양식이기보다는 '능동적이고 구조적인 과정'이라고 볼 수 있다. 떠올릴 때마다 기억은 변화에 열려 있는 불안정한 상태가 된다. 기억하는 주체가 어디에 주의를 기울이고 어떤 관점을 택하느냐에 따라 어떻게 구성될지가 달려 있다. 과거에 있었던 일을 없던 것으로 되돌리는 것은 불가능하다. 그러나 있었던 일을 어떻게 기억할지, 기억과 맺는 관계를 바꿀 수는 있다. 기억은 수정, 편집, 변경될 수 있다.

TV 예능 프로그램에서 출연자끼리의 갈등을 강조하거나 출연자의 튀는 행동을 두드러지게 보이도록 흐름을 만드는 것을 흔히 '악마의 편집'이라고 한다. 어쩌면 자신의 경험을 '악마의 편집'하고 있었던 것은 아닌지 돌아볼 필요가 있다. 자신을 나쁘게 바라보도록 부정적인 부분들에만 주목하고 연결해서 최악의 시나리오를 쓴 것은 아닐까? 그 기억 속에 긍정적인 혹은 가치 있는 부분은 어떤 것이 있었을까? 자기 자신을 따뜻하게 바라볼 자리는 어디일까? 도움되고 가치 있는 방식으로 나의 기억을 다시 구성해서 제대로 써나가야 하지 않을까?

중요한 것은 그 모든 부정적인 상황이 있었음에도 '생존'해냈다는 사실이다. 온갖 역경과 고통 속에서도 지금 여기 살아 있기에 우리에게는 과거의 이야기를 다시 쓸 기회가 주어졌다. 그리고 더 중요하게도 앞으로 이어갈 삶의 이야기를 만들어 갈 수 있다. "삶의 어느 한 지점에 묶여 있지 않고 계속 앞으로 나아가는 한 우리는 치유될 것"이라고 정신과 의사 퀴블러 로스는 기록하고 있다.

이 글을 쓰는 4월은 가슴 아픈 사건들이 있었던 달이며, 특히 전 국민에게 트라우마를 남긴 세월호 참사가 다시 떠오르는 달이다.

참사와 같은 경험에서는 나만 살아남았다는 죄책감에 휩싸이는 경우가 빈번하다. 그렇지만, 그럼에도 살아남았기 때문에 누군가의 죽음을 증언하고 과거의 잘못된 일을 바로잡을 기회가 우리에게 있다. 그러나 무리할 필요는 없으며, 당장 그렇게 하지 않아도 괜찮다. 당신과 우리의 이야기는 언제든 열려 있기 때문이다.

열려 있는 이야기를 긍정적으로 그리고 가치 있는 이야기로 써나가기 위해 생존자는 고립되어 있으면 안 된다. 고립된 상태에서는 새로운 정보를 발견하고 의미를 부여하기가 더욱 어려워지기 때문이다. 고통 속에 있는 사람을 외면하지 않고, 서로가 서로에게 따뜻한 목격자가 되어주는 것이 중요하다. 내 옆의 사랑하는 사람들에게, 함께 있는 동료들에게, 또한 이웃들에게 그 역할을 조금이라도 해준다면 어떨까? 지금 옆에 있는 힘든 사람에게 손을 내밀고 "당신의 어려움을 지금 내가 보고 있다"라고, "과거의 일을 함께 기억하겠다"라고, "이제는 정말 괜찮다"라는 말을 전하길 바란다.

내가 그 일을
겪은 것처럼

현장의 기억이 잊히지 않아요

 대리외상이란 외상 사건의 당사자가 아닌데도 간접 경험으로 인해 자신에게 그 일이 일어난 것처럼 비탄에 빠지고 불안을 겪는 것을 말한다. 외상 경험을 생생하게 설명하는 이야기를 들으면서 또는 사진과 같은 외상 사건의 기록물을 접하면서 외상 후 스트레스 장애와 유사한 경험을 하는 것을 설명하는 개념이다.

 외상 후 스트레스 장애는 다음 네 가지 증상을 경험할 때 진단된다. 외상 경험이 반복적으로 고통스럽게 떠오르는 '침습', 이런 고통 때문에 사건 기억이 떠오를 만한 장소나 사람 등을 피하는 '회피', 과도한 자기 비난이나 타인 비난 또는 두려움과 분노 감정과 같은 '생각과 감정의 부정적 변화', 사건 이후 예민해지고 날카로워지며 잠을 이루지 못하거나 감정을 폭발적으로 표출하는 등 '각성의 변화'가 그것이다. 충격적인 사건을 직접 겪었을 때는 물론 간접적으로 접하는 상황에서도 외상 후 스트레스 장애 증상을 경험할 수 있으며, 이를 대리외상증후군이라고 부른다.

그러나 때로는 이렇게 명확한 증상을 경험하지 않는 것처럼 보이는 경우도 많다. 반복적으로 간접적인 외상에 노출되면서 느리게 심리적인 영향을 받는다. 느리지만 지속적이고 더 근본적인 영향을 받는 심리적 영역으로 안전, 신뢰/의존, 힘/통제, 자존감, 친밀감 등 다섯 가지를 꼽는다.

먼저, '안전'과 관련된 신념에 부정적인 영향을 받는다. 교통사고 현장을 보고 피해자를 만나다 보면 매일 타고 다니는 자동차가 얼마나 위험한 수단인지 의식한다. 많은 경찰관이 본인은 괜찮지만 배우자나 가족이 사고당하지 않을까 염려할 때가 종종 있다고 말한다. 세상이 안전하지 못하다는 신념이 강해지는 것이다.

두 번째, '신뢰/의존' 영역이다. 다른 사람에 대한 의심과 경계가 늘어나고 사람을 신뢰하기 어려워지는 변화를 겪는다. 사기꾼이나 도둑, 강도, 폭력을 행사하는 사람 등 여러 범죄자를 가까이에서 만나면서 사람에 대한 불신이 자리잡을 수 있다. 형사는 의심하는 직업이라고 하는데, 일할 때만 그런 것이 아니라 일상에서도 경계하는 태도가 몸에 밸 수 있다.

세 번째, '힘/통제' 영역이다. 자신의 느낌과 행동을 통제하기 어렵다고 느끼거나 타인과 세상에 미치는 영향에 혼란을 느낀다. 가정폭력 사건을 다루다 보면 자신이 가족에게 폭력적인 행동을 하지나 않을까 우려하는 경우가 많다. 물론 자신의 가정에서부터 대화하고 소통하려는 시도를 늘리는 긍정적인 영향을 받을 수도 있다. 그러나 과도한 경우에는 불필요한 자책감이나 불안감을 경험할 수 있다.

네 번째, '자존감' 영역이다. 범죄자에게 환멸을 느끼면서 자신을 포함한 모든 사람을 부정적으로 생각하기도 한다. 인간에게는 희망이 없다고 느끼고 냉소적인 태도로 삶을 바라볼 수 있다.

다섯 번째, '친밀감' 영역이다. 가족이나 친구, 동료들과 거리감을 느끼고 사람들과의 접촉이 줄어든다. 자신과의 친밀한 관계도 어려움을 겪으며 자기 돌봄이 안 되는 경우가 많다.

이 모두 어느 정도는 일상적으로 겪을 수 있는 내용으로, 모든 경우 문제가 되는 것은 아니다. 안전에 신경쓰고, 사람을 만날 때 조심하고, 자신을 통제하려는 시도는 나쁜 것이 아니다. 다만 비일상적인 사건들을 계속 접하면서 부정적인 방향으로 신념이 치우칠 때 감정 상태나 대인관계에 부정적인 영향을 받는 것이 문제다. 하나의 예로, 부정적인 생각과 불안 때문에 가족을 지나치게 단속하면서 배우자와 갈등을 겪거나 자녀 관계에서 소원해지기도 한다.

경찰관과 상담사의 공통점

대리외상 개념은 다른 사람을 돕는 직업을 가진 이들이 극도의 스트레스 사건을 경험한 사람을 대상으로 일하면서 나타나는 증상을 설명하기 위해 도입되었다. 질병을 앓거나 다친 환자를 돌보는 간호사나 의사를 대상으로 초기 개념이 만들어졌다. 그 외에도 대리외상의 영향을 받는 직업군에는 스트레스 사건을 경험한 사람을 상담하는 심리상담사, 사건 사고의 피해자를 구조하는 응급구조 요원과 소방관, 경찰관 등을 포함한다. 나와 같은 심리상담사는 특히 상담을 요청하는 경찰관들에게 깊이 공감하는 일을 하는 까닭에 대리외상의 위험성이 높다.

경찰관 상담을 하는 미국의 한 심리학자는 자신의 저서에서 경찰과 심리상담사의 공통점이 많다고 했다. 경찰관과 상담사 모두 누군가에게 도움을 주고자 하는 욕구가 있으며, 누군가를 돕는 과정에서 보통 문제를 해결하는 역할을 한다. 고통받거나 동요된 사람을 상대할 일이 많고, 강인한 경찰관이나 따뜻한 상담사처럼 사람들이 기대하는 정형화된 이미지가 있다.

이 두 직업은 심리적으로 미해결 과제 가능성이 다소 높은 편이다. 심리적 미해결 과제의 예시를 들면, 어릴 때 가정폭력의 피해를 경험한 아이가 성장해서 가정폭력 피해자를 상담하는 상담사가 된다거나 가정폭력 사건을 해결하는 경찰관이 되는 경우를 들 수 있다. 과거의 트라우마 경험이 있을 때 업무로 접하는 사건이 주는 심리적인 영향이 복잡해질 수 있다.

실제로 경찰 업무를 하다 보면 사건 때문에 놀란 사람을 안정시키거나 자살 시도자를 설득해 안전을 확보하기도 한다. 이런 상황은 상담사가 상담실을 찾는 이들과 하는 작업과 매우 유사하다. 상담사들을 대상으로 외상 후 스트레스를 치유하는 상담 기법을 교육할 때 반드시 대리외상 개념을 함께 가르친다. 구체적으로 어떻게 대리외상의 영향을 줄이고 상담사 자신을 돌볼 것인지 방법들을 공부한다. 그만큼 상담사가 업무적으로 대리외상의 영향을 많이 받기 때문이다. 경찰관 역시 상담사와 여러 특징을 공유하는 만큼 대리외상 개념을 이해하고 이에 대처하는 방법을 숙지하는 것이 중요하다.

경계선은 안녕합니까

심리적 경계가 안정적으로 기능하지 못할 때 대리외상의 영향을 많이 받는다. 우리는 보통 낯선 사람과 한 공간에 있을 때 밀착되는 것을 선호하지 않는다. 자기 신체를 둘러싼 어느 정도의 공간을 확보할 때 편안함을 느낀다. 반대로 이런 개인 공간을 다른 사람이나 물건 등이 힘부로 침범할 때 불쾌감을 느낀다. 개인 공간을 구분하는 가상의 선이 있다면, 그 선이 일종의 경계다. 물리적 경계만이 아니라 심리적 경계도 있다. 심리적 경계는 자기 생각과 감정은 안에 담아두고 필요할 때는 외부로 내보낼 수 있도록 한다. 타인이나 다른 대상으로부터 필요한 영향은 받아들이고 불필요한 것은 걸러내는 기능을 한다.

심리적 경계를 생물의 세포막에 비유하기도 한다. 세포막은 세포의 구조물들을 담아 두며, 대사 과정에서 발생한 불순물을 밖으로 내보낸다. 외부의 영양분은 안으로 받아들이고 불순물은 내부로 들어오지 못하도록 막는다. 심리적 경계는 이렇게 고정불변의 벽처럼 존재하는 것이 아니라, 세포막처럼 유연하면서도 충분히 단단할 때 가장 효율적으로 기능할 수 있다.

대리외상의 부정적인 영향을 지나치게 받는다면, 이런 심리적 경계가 잘 세워져 있는지 살펴봐야 한다. 다른 사람을 돕고 돌보는 것을 중요하게 여기는 만큼 자신의 내적 감정과 생각이 어떤지 살피고 돌보는 것을 간과하면 안 된다. 자신이 감당할 수 있는 이상으로 과로하거나 심리적으로 몰입하고 있다면, 잠시 멈추고 전환하고 거리를 두고 휴식해야 한다. 경찰 조직 차원에서부터 과로 예방, 충분한 휴식 보장, 심리적 서비스 이용 활성화 등 제도적 장치를 강화해야 할 필요가 있다.

퇴근 이후에도 사건에 대한 생각을 떨치기 어려웠던 적이 있는가? 업무 중에는 사건의 영향을 받을 수밖에 없더라도 퇴근한 후에는 충분히 휴식하고 충전해야 한다. 이를 위해 마음속 온·오프 스위치를 마련해두는 것이 도움된다.

우리에게는 상상하는 능력이 있다. 운동선수가 이미지 트레이닝을 하듯 상상으로 이미지를 떠올리는 것만으로도 도움 받을 수 있다. 퇴근할 때 머릿속의 업무 스위치를 끄는 이미지를 떠올려보자. 서랍을 닫거나 서류철을 덮으면서 일에 대한 생각을 서랍에 넣어두고 서류철에 덮어 두고 간다는 이미지도 좋다. 사무실 문을 나서면서 혹은 지구대나 경찰서 문을 나서면서 일을 두고 간다고 상상하는 것도 좋다.

집에 도착해서 손을 씻거나 샤워하면서 일에 대한 생각을 씻어낸다는 상상도 좋다. 복잡한 사건을 맡아 이에 대한 생각을 떨치기가 어렵다면, 고민하는 시간을 30분이나 1시간, 이렇게 시간을 정해 따로 마련하기 바란다. 떠오르는 생각을 수첩 등에 기록해두고 덮는 것도 좋은 방법이다. 업무와 자신 사이에 건강한 경계를 만들기 위해 여러 장치를 활용해보자.

비행기가 이륙하기 전에 스튜어디스가 비상 상황 시 산소호흡기를 사용하는 방법을 안내해주는 것을 보았을 것이다. 유아나 아동을 동반한 성인 승객의 경우 산소호흡기를 누가 먼저 사용하도록 안내하는지 기억하는가? 언뜻 어린아이가 취약하니까 어린아이에게 먼저 호흡기를 씌워야 한다고 생각하기 쉽지만 실제로는 보호자인 성인이 먼저 호흡기를 쓰도록 한다. 보호자인 성인이 산소 부족으로 쓰러진다면 어린아이는 필요한 보호를 받을 수 없기 때문이며, 아이 혼자 생존하기가 어려워지기 때문이다. 누군가를 돕고 문제를 해결하는 일을 하는 사람은 그 자신이 먼저 안전하고 건강해야 한다.

애도하는
마음

살아 있는 사람들의 시간

우리는 살아가면서 무언가를 잃어버리는 경험을 하고, 그런 상실의 경험은 여러 감정을 불러일으킨다. 잃어버린 것을 되찾거나 복구할 수 없다고 느껴질 때 분노, 무력감, 좌절감, 억울함, 슬픔에 주저앉는다.

잃어버리는 것은 돈이나 집, 귀중품 등 가격이 매겨지는 것일 수 있다. 나이가 들면서 잃는 건강, 신체 능력, 직장이나 직업이기도 하다. 눈에 보이지 않는 자신감, 안전감, 친밀감과 같은 것을 잃어버리기도 한다.

그중에서도 중요한 누군가를 죽음으로 잃는 일은 가장 힘든 상실의 경험이다. 체온을 가진 물리적인 인간 자체뿐 아니라 그 사람과의 관계, 관계에서 나누던 친밀감과 같은 감정들, 관계 속에서 정의되어 온 나의 정체성과 같은 여러 부분이 함께 사라지는 것처럼 느껴진다. 이런 느낌을 포함해 사별 후에 겪는 반응을 애도라고 한다.

애도는 상실에 대한 적응적이고 보편적인 반응이다. 소중한 사람의 죽음 앞에서 슬퍼하는 것은 당연하다. 사별 초기에는 급성 애도라는 강렬한 반응을 겪을 수 있다. 큰 슬픔과 눈물, 고인에 대한 몰입, 분노, 초조감과 불안감, 죄책감, 집중의 어려움, 일상 기능의 저하 등을 겪을 수 있다. 신체적 불편감을 경험할 수 있으며, 실제로 건강 문제를 겪을 가능성이 커진다.

한 논문에서는 사별을 신체적 상처로 비유하고, 애도를 상처가 낫는 과정에서 일어나는 염증 반응에 비유했다. 상처가 낫는 것처럼 애도 반응은 시간이 지나면서 잦아드는데, 몇 주에서 몇 달까지 이어질 수 있고 때로는 몇 년에 걸쳐 이어지기도 한다. 그럼에도 보통은 1년 정도 지나면서 격렬한 고통은 줄어든다.

애도의 어려움이 일상에 방해가 될 정도로 1년 이상 이어질 때는 지속성 복합 애도 장애라고 진단할 수 있다. 이 진단은 누군가를 부정적으로 낙인찍기 위함이 아니라 도움이 필요한 상황을 알아보고 소통하기 위한 개념이다. 지속성 복합 애도 장애는 상처가 낫는 과정에서 감염되어 치료가 필요한 상태로 비유할 수 있다.

애도가 일상이 되는 직업

 경찰관은 업무를 하면서 많은 죽음을 마주한다. 훼손이 적은 자연사 시신은 그나마 양호하다고 할 정도로 다양한 죽음의 현장을 목격한다.

 업무 중 죽음을 앞에 두고 마음속으로 고인의 평안을 빈다는 경찰관이 많다. 고인을 잃은 유족을 보면서 함께 마음 아파하는 것은 너무나 인간적인 모습이다. 그런데 끔찍한 사망 현장의 세부 사항에 반복적으로 노출되는 것만으로 외상 후 스트레스를 겪을 수 있다. 혹은 세상에 대한 관점을 흔들어 놓는 대리외상을 경험하기도 한다. 이런 트라우마의 영향 속에는 대개 애도가 함께하기 마련이다.

 일면식 없던 사람이라도 죽음 앞에서 생명의 유한함을 생각한다. 자신 혹은 사랑하는 사람의 삶도 어느 순간 멈출 수 있다는 사실에 불안이나 허무한 감정을 느낄 수 있다. 이런 감정은 조금씩 쌓여 가며 누적되다가 마음을 다치게 할지도 모른다.

 사망 현장의 고인이 가족이나 지인을 떠올리게 할 수 있다. 특히 자녀와 같은 나이의 어린아이가 사망했을 때 안타까움이나 슬픔, 분노로 인해 어려움을 겪을 수 있다. 때로는 퇴근 후 집에서 자녀의 얼굴을 마주하기가 힘들 정도로 압도적인 감정들에 휩싸일 수 있다. 지살로 가까운 사람을 잃은 경험이 있는 경찰관은 자살 현장을 다룰 때 개인적인 기억이 떠올라 마음이 복잡해질 수 있다. 동료를 잃는 경우는 업무의 영역에서 일어나는 상실과 개인 삶의 영역에서 일어나는 상실이 중복되는 경험이기에 더욱 힘겹다. 가까이 일했던 동료는 남아 있는 사람의 죄책감을 느낄 수 있다. 고인과 함께 일했던 일터에서 일을 계속하는 것이 쉬운 일이 아니다.

고인과 직접 아는 사이가 아니더라도 경찰이라는 공통의 정체성을 가진 사람의 죽음에 자신이 겹쳐 보일 수 있다. 개인적으로 알지 못하더라도 다른 경찰관의 사망 소식을 접하면 '남 일 같지 않다', '내게도 일어날 수 있는 일이다', '안타깝다'라는 반응을 보인다.

슬픔에도 법칙이 있을까

애도의 과정을 설명한 이론 중 우리에게 가장 익숙한 것은 정신과 의사 엘리자베스 퀴블러 로스의 '5단계 애도'다. 부정-분노-타협-우울-수용의 다섯 단계를 거친다는 것으로, 한 번쯤 들어 보았을 것이다. 맨 처음에는 죽음을 받아들일 수 없어 부정하는 단계를 거치고, 다음에는 받아들이기 힘든 현실에 분노를 느끼고, 무언가를 한다면 되돌릴 수 있을지 타협을 제기하고, 그마저도 소용없음을 느끼면서 우울을 경험하다가, 마지막으로 죽음을 진정으로 수용한다는 내용이다.

단계별로 제시된 감정과 반응은 모두 애도의 과정에서 경험할 만한 감정과 반응이며, 이를 잘 묘사해주고 있다. 그러나 퀴블러 로스는 말년에 "손에 잡을 수 없는 감정을 좁은 울타리 안에 밀어 넣으려는 의도는 없었다"라고 쓴 바 있다.

퀴블러 로스의 단계 이론 외에도 애도의 과정을 단계로 설명하려 한 이론들이 있지만, 이후의 연구들에 따르면 애도 과정이 공통된 하나의 단계를 밟는 것이 아니라고 한다. 정답처럼 정해져 있는 과정을 피할 수 없이 수동적으로 당해내는 것도 아니다. 각자의 특수성과 상황과 맥락에 따라 고인을 잘 떠나보내고 새로운 삶에 적응하려 노력하면서 다양한 감정과 반응, 그리고 상태를 겪어내는 것이라고 보는 것이 더 타당하다.

애도의 모습은 애도를 겪는 사람의 수만큼 다양하다. 어느 때 어떠해야 한다는 공식은 없다. 누군가는 서럽게 울고, 누군가는 눈물을 삼킨다. 어떤 사람은 무언가에 몰두하고, 다른 사람은 아무것도 손에 잡히지 않아 멍해진다. 사별 직후 고통을 호소하는 사람이 있는가 하면, 직후에는 실감이 나지 않다가 시간이 지나서야 슬픔과 마주하는 사람도 있다. 그렇기에 "장례식에서 눈물 한 방울 안 흘리다니 매정하다", "아무리 슬퍼도 저런 모습을 보이는 것은 과하다"라는 말은 맞지 않는 표현이고, 때로는 당사자에게 상처를 줄 수 있음을 명심해야 한다.

네덜란드 위트레흐트대학에서 심리학을 가르치는 마르가레트 스트뢰베와 헹크 슈트는 1999년에 애도에 대한 이중 과정 모델을 제안했다. 정해진 공통의 방식이나 단계가 아니라 대표적으로 두 가지 상태를 오가며 애도 과정이 진행된다는 것이다. 한 축은 '상실 지향'으로 깊은 슬픔에 빠지고, 현실을 회피하고, 변화를 부정하며, 혼자 있으려는 상태다. 다른 한 축은 '회복 지향'으로 삶의 변화에 적응하며, 새로운 것을 시도하고, 슬픔에서 벗어나고, 새로운 관계를 맺고자 하는 상태다.

애도 중인 사람은 이 두 가지 상태를 오가면서 애도를 겪어낸다. 한동안은 슬픔에 빠져 자기 속으로 침잠해 들어간다. 그러다가 어느 날은 누군가와 함께 시간을 보내며 웃고 지내기도 한다. 두 가지 상태는 번갈아 오가지만, 어떤 때는 한 축이 오래 이어지거나 다른 축의 상태가 오지 않을 것처럼 길어지기도 한다.

이 과정에서 상실의 현실을 받아들이면서 변화된 현실을 수용하거나, 애도의 고통을 충분히 겪어내는 동시에 애도의 고통으로부터 멀어지고, 고인 없는 환경에 적응하면서 변화된 환경에서 주도적으로 살아가기도 하며, 고인과의 관계를 새로운 형태로 간직하고 새로운 삶으로 나아감과 동시에 새로운 역할과 정체성, 관계를 수립하면서 모순처럼 보이는 애도의 과제를 이루어낸다.

그렇다고 애도의 과정은 과제 달성과 같은 종결을 가진 것으로 보기는 어렵다.

"비탄은 결코 작아지지 않는다. 그저 우리가 비탄을 감싸 안으며 점점 더 큰 사람이 되어가는 것이다."

배우자를 사별로 잃고 쓴 책 《상실의 언어》에서 심리치료사 사샤 베이츠는 이렇게 말한다. 상실의 슬픔을 겪어내면서 새로운 정체성을 갖게 되고, 외상 후 성장처럼 더 깊고 넓은 사람이 될 수 있다.

차마 울지 못하는 우리를 위하여

이 글은 10·29 이태원 참사 1주기를 앞두고 집필했고, 그래서 애도하는 마음이 더 깊이 밀려온다. 죽음을 겪어내는 것을 주제로 글을 쓰는 것의 부담 역시 컸다. 직접적인 관계가 없는 내게도 참사의 기억은 슬픔과 답답함, 조심스러움, 부담감 등 다양한 감정을 불러일으킨다.

우리는 대부분 암묵적으로 '죽음'에 대해 언급하길 자제하는 편이다. 말하기 시작하면 감정이 걷잡을 수 없이 올라올까 봐, 누군가가 힘들어할까 봐 그렇다. 죽음 앞에서 작게만 느껴진다. 직접 연관성이 없더라도 그날의 아픔은 우리 모두에게 크고 작은 마음속의 파문을 일으킨다. 누구보다 당시 돌아가신 분들의 유가족은 상처는 절대 가시지 않을 것이다. 현장에서 근무했거나 사건에 대응했던 경찰관들에게는 그때의 힘겨웠던 기억들이 여전히 아프게 밀려올 수 있다.

세월호 참사와 이태원 참사는 많은 사상자가 발생했다는 점, TV나 SNS를 통해 소식을 생생하게 접했다는 점, 사회 구조적인 문제점을 드러내고 있다는 점 등에서 비슷한 비극이었다. 사고 조사나 유족 지원에 경찰관이 투입되었다는 점, 그리고 너무나 안타깝게도 자살로 경찰관을 잃었다는 점에서 또 한 번 유사점을 발견한다.

트라우마 사건이나 참사가 있었던 날이나 소중한 사람의 기일이 있는 시기에 기념일 반응을 겪을 수 있다. 기념일 반응이란 몸과 마음이 힘든 사건이 있었던 시기를 기억하기 때문에 겪는 심리적·신체적 반응을 말한다. 힘들었던 일이 발생한 시기가 다가오면 그때와 비슷한 날씨, 날짜, 비슷한 시기마다 돌아오는 일들이 있기에 당시의 기억이 떠오르기 쉬워진다. 그러면서 신체적 아픔이나 악몽, 슬픔이나 불안, 분노와 같은 감정이 일어난다.

참사를 기억하고 애도할 때, 이런 기념일 반응이 있을 수 있다는 것을 이해하고, 자기 자신과 주변을 돌볼 필요가 있다. 보통은 죽음, 부정적인 감정을 표현하기보다는 자제하고 조심한다. 그러나 심리상담가들은 가능한 만큼 표현하고 추억하고 나누길 권한다. 제사를 지낸다거나 추도식을 하는 등의 문화는 어쩌면 남아 있는 사람들의 애도 방식의 한 형태일 것이다.

기일을 나름의 방식으로 기념하고 기억하는 방법을 찾아보자. 안장된 곳을 찾을 수 있고, 절이나 성당, 교회와 같은 곳에 갈 수 있고, 집에서 조용히 시간을 보낼 수도 있다. 어디여도 좋다. 촛불을 켜고 기도를 드릴 수 있고, 묵념을 할 수 있고, 꽃을 갖다 둘 수 있고, 마음으로 고인과 대화를 나눠도 되고, 편지를 써도 좋다. 자신에게 가장 잘 맞는 방식을 생각해보자. 내가 아는 한 분은 큰병으로 가족을 잃은 후 관련 단체에 매년 기부하고 있다.

이해할 만한 사람들, 가족이나 친구, 지인, 동료들과 함께 감정과 생각을 나누길 권한다. 상담하러 온 경찰관들은 상담 중에 애도에 대한 마음들을 표현하기 시작하면 그 자체로 마음이 더 편해진다고 한다. 그리고 용기를 내어 주변 사람들과 마음을 나눠보았더니 생각보다 훨씬 도움이 되었다고 말한다. 주변의 믿을 만한 사람과 나누는 것은 슬픔을 소화하는 데 큰 도움이 된다. 인간의 신경계는 감정을 스스로 처리하는 방식을 가진 동시에 누군가와 함께 감정을 공동 조절하는 방식을 발전시켜 왔다. 슬픔은 혼자 고립되어 처리할 수 없고, 누군가와 함께 있는 것이 꼭 필요하다.

TV나 인터넷 기사들, SNS 등에서 참사와 관련된 내용이 나올 가능성이 크다. 억지로 기억을 회피하라고 권하지 않지만, 지나치게 힘든 기억에만 몰입하는 것은 자신을 소진하는 일일 수 있다. 따라서 뉴스 보도나 SNS 등으로부터 경계선을 그어야 한다. 점해진 시간 외에는 TV나 스마트폰 들여다보기를 멈추도록 나름의 규칙을 만들어도 좋다. 그리고 고인이나 사건과 관련해 자신에게 의미 있는 기억, 도움이 되었던 활동이나 사람들, 힘든 일을 통해 깨달은 것, 감사함과 같은 것을 떠올려보자. 고통스러운 기억에만 머무르지 않도록 해야 한다.

설령 아직 마무리되지 않은 일이더라도, 여전히 절망스럽게 느껴지는 일일지라도, 그럼에도 내 옆에 있는 사람들, 지금 할 수 있는 일, 내게 남아 있는 것들이 있다. 무작정 쉽게 긍정적으로 생각하라는 것은 도움이 되지 않겠지만, 슬픔 가운데에서도 길어 올릴 빛 한 줄기, 물 한 방울을 잊지 않길 바란다.

직접 영향을 받지 않았다면 애도하는 사람을 위해 함께 기억하고 슬픔을 나눌 수 있길 바란다. 사회와 조직이 애도를 쉽게 넘기고 잊어버리지 않았으면 좋겠다. 애도하는 누군가가 홀로 남겨지지 않도록, 특히 이 시기에 서로에게 손을 내밀길 바란다. 참사로 인해 돌아가신 분들과 가족들, 그들을 기억하는 사람들 모두의 마음에 평안이 깃들길 마음으로 빈다.

고통을 어떻게
받아들일까

내가 아닐 이유는 없다

"다른 사람도 아닌 왜 나한테 이런 일이 생겼는지 도무지 모르겠어요."

상담 중에 경찰관들이 많이 하는 질문이다. 업무 중에 일어나는 불합리한 일들, 가정의 불운, 자신과 자기 주변에서 일어나는 여러 어려움은 왜 일어나는지 답을 찾으려 한다. 이유를 찾고 이해하려는 것은 뇌의 자연스러운 활동이다. 상황을 이해하고 납득해야 문제를 풀 실마리를 찾을 수 있으며, 다음에 비슷한 어려움에 직면하지 않도록 미리 예방할 수 있다.

그런데 이런 질문의 이면에는 많은 경우 '내게 이런 일이 생기는 건 말이 안 돼. 이런 일이 생길 수는 없어, 있어서는 안 돼'라는 강한 거부나 저항을 품는다. 거부나 저항이 강할 때는 실마리를 찾기 어려워지고 벽에 부딪히거나 땅굴을 파는 것과 같은 상황에 빠진다. 사건이 발생한 맥락과 원인을 폭넓게 살펴보는 것이 아니라 탓할 다른 대상을 찾으며, 탓하는 대상이 자신이 되면 과도한 자책감과 수치심에 빠져 아무것도 하지 못하는 상태에 이르기도 한다.

불행은 누구에게나 일어난다. 어떤 사람에게 불행한 일이 발생한다는 것은 그에게 문제가 있기 때문만은 아니다. 교통 법규를 잘 지켰어도 교통사고를 당할 수 있다.

한 웹툰 작가는 TV 프로그램에 출연해서 암 투병 경험을 이렇게 말했다.

"왜 하필 내가 암에 걸렸는지, 말이 안 된다고 나도 모르게 울분이 터졌습니다."

그런데 투병 중이던 어느 날, 암 병동에서 어린 꼬마가 주사를 맞으려고 기다리는 것을 보면서 자신을 돌아보았다.

"밤샘도 자주 하고 술도 마시고 오랫동안 앉아 일하는 나라면 내가 아닐 이유는 없다고 깨달았지요."

아무 잘못이 없는 어린아이도 병에 걸리기도 하고 사고를 당하기도 한다. 내가 아닐 이유는 없다.

내게 일어난 일을 수용한다는 것은 어떤 의미일까? 수용 전념 치료를 개발한 심리학자 스티븐 헤이즈는 수용을 비판단적인 알아차림의 태도를 하는 것이고, 생각, 감정, 신체 감각의 경험을 있는 그대로 능동적으로 받아들이는 것이라고 정의했다.

고집스러운 자기만의 판단을 움켜쥐고 고수한다면 온전히 경험하지 못할 것이고, 희망을 찾아가는 과정으로 나아가지도 못한다. 이것은 애도와 비슷하다. 누군가를, 무언가를 잃었다는 사실을 받아들이지 못한다면, 그다음 슬퍼하고 추억하고 나아가는 일이 불가능해진다. 물론 말처럼 쉬운 일이 아니며 순서대로 착착 진행되는 일도 아니다. 수용은 그런 어려움을 끌어안는 것이다. 쉽지 않고 고통스럽고 예상대로 되지 않는 상황조차 내게 일어난 일로 받아들이는 것이다.

심리적 고통은 불행한 사건이 일으킨 불행감이나 불편감 그 자체만은 아니다. 불행감이나 불편감을 밀어내거나 억누르거나 피하려 할 때 더 큰 고통을 경험한다. 병에 걸린 것을 받아들일 수 없어 탓할 대상을 찾느라 세상을 원망하고 화내지만, 정작 치료에는 집중하기 어려워진다.

상황은 악화하고, 주변 사람들은 더 힘들어지고, 무엇보다 본인이 더 큰 고통 속에 빠져든다. 이럴 때일수록 병에 걸렸다는 사실을 받아들이고, 슬픔과 두려움을 알아차리고 보살펴야 한다. 슬픔의 신호대로 달려가던 길을 잠시 멈추고, 두려움의 신호대로 나를 보호해야 한다. 나를 보호한다는 것은 지금 도움이 될 만한 치료를 받는 것이다. 사건으로부터 일어난 감정을 있는 그대로 온전히 받아들이고 감정의 신호를 알아차림으로써 효과적으로 대처할 수 있다. 이를 위해 자신의 고통스러운 감정을 온전히 알아차리는 것이 우선이다.

자신을 온전히 들여다보면

 상담하는 일은 수많은 삶의 고통을 만나는 일이다. 각각의 고통은 하나하나 고유한 맥락과 표정을 지니고 있다. 저마다 얼굴이 다르고 똑같은 지문은 하나도 없는 것과 같다. 삶의 고통 역시 같은 모습은 없다.

 팀에 힘든 상황이 발생했다고 가정해보자. 같은 상황을 경험하더라도 팀의 구성원 각각은 다양한 이유로 제각각의 생각과 감정을 느낄 것이다. 물론 그 상황에 공유할 감정이 있고 공감대가 형성되기도 하지만, 결국 불편과 고통은 각자 스스로 짊어져야 할 고유한 경험이다.

 아동 학대 사망 사건이 발생하면 나와 같은 상담자가 직접 근무지로 방문해서 긴급심리지원 프로그램을 진행한다. 이와 같은 사건은 누구에게나 충격적인 일이기 때문이다. 그런데 경험하는 반응은 다양하다. 충격 때문에 멍할 수 있으며, 화가 나고 원망스러운 감정을 경험할 수 있고, 화도 나지만 너무 슬퍼 자기도 모르게 눈물만 나오기도 한다. 놀랄 만한 사건이고 그에 따른 안타까운 마음은 비슷하지만, 사람마다 겪는 반응은 이처럼 여러 가지로 나타난다.

현재를 사는 한 사람은 자기만의 개성과 기질을 타고났으며, 태어나서 어린 시절을 거쳐 지금에 이르기까지 수많은 사람을 만나고 수많은 경험을 하면서 형성된 성격의 결과와 같다. 어쩌면 '결과'라기보다는 '과정'이라고 해야 적합하겠다. 지금 이 순간에도 정체성과 성격은 고정되어 있지 않으며, 변화 가능성을 품고 있다. 누구를 만나 어떤 경험을 하느냐에 따라 관점과 신념, 태도가 달라질 수 있다.

각 개인의 바탕과 역사가 다르고, 이 때문에 심리적으로 취약한 부분도 서로 다르다. 처리해야 할 일 때문에 며칠 밤을 새워 고생하고 나서 앓아누운 적 있을 것이다. 누적된 피로감 때문에 몸이 아플 때도 사람마다 아픈 부위가 다르게 나타난다. 누구는 위장이 약해 속병을 앓고, 누구는 기관지가 약해 감기가 심하게 오고, 또 어떤 사람은 허리디스크가 도진다. 신체적으로 사람마다 약한 부위가 달라, 피로가 누적되고 면역력이 저하될 때 아픈 부위가 각자 다르게 나타난다. 심리적으로도 그렇다.

심리치료와 상담에서는 심리적으로 취약한 부분이 어디인지, 살아온 과정 속에서 고통에 반응하는 방식이 어떻게 형성되어 왔는지를 이해하는 것이 중요하다. 다시 말하면, 나의 취약성과 성격을 수용하는 것이라고 할 수 있다. 먼저 이해하고 받아들여야 낫고 변화할 수 있다.

심리적 취약성을 수용하기는 때로 쉽지 않다. 기관지가 약하다거나 위장이 예민하다는 것은 상대적으로 받아들일 만하고, 거기에 맞춰 영양제를 복용하거나 조심하는 등 건강관리를 한다. 하지만 스트레스를 받으면 분노를 조절하기 어려워진다거나 고립되는 경향이 있다거나 하는 패턴을 인정하기가 힘들 수 있다. 마음의 약한 부분은 약점이 되어 남들로부터 공격받을 위험성으로 느껴지기도 한다.

심리적 취약성을 수용한다는 것이 그것을 준비 없이 아무에게나 공표한다는 뜻은 아니다. '나는 원래 이런 사람이니까 알아서 받아들여라' 라는 무책임한 태도는 더욱 아니다. 최근 MBTI와 같은 성격검사가 유행하고 있다. 각자 자신의 성향을 이해하고 받아들이려는 태도는 긍정적이다. 하지만 때로 이를 남용하는 경우를 자주 보곤 한다.

"나는 T(사고형)이라서 공감하는 표현은 잘하지 못하는 성격입니다."

이렇게 단정적으로 말한다. 자신의 부족한 부분에 양해를 구하는 것이 아니라 나는 이런 사람이니 어쩔 수 없다는 태도가 문제다. 이것은 제대로 된 수용이 아니다. 나의 부족함을 받아들이고, 거기에서 파생되는 문제점들도 나의 몫으로 받아들이는 것이 진정한 수용이다. 나의 부족함은 받아들이겠지만 거기에서 오는 어려움을 상대방이 감수해야 할 몫으로 떠넘기는 것은 수용이 아닌 회피다.

다 알 수 있다면 바꾸겠어요

일어난 일을 온전히 수용한다는 것이 상황을 수동적으로 받아들이면서 체념하고 포기한다는 의미가 아니다. 병에 걸린 것을 수용한다는 것은 그대로 삶을 포기한다는 의미가 아니다. 실패를 수용한다는 것은 모든 것을 체념하고 누워만 있겠다는 것이 아니다. 나의 부족함을 수용한다는 것은 달리 방법이 없어 상대방의 처분에 맡겨둔다는 것이 아니다. 온전한 수용은 오히려 적극성을 가진다. 수용 전념 치료에서는 이를 '기꺼이 경험하기' 개념으로 설명한다.

SF 단편소설 〈당신 인생의 이야기〉를 원작으로 한 영화 〈컨택트〉에서 주인공은 어떤 과정을 거쳐 과거와 현재, 미래를 동시에 볼 수 있는 능력을 지닌다. 자신이 결혼해서 낳을 아이가 불치병에 걸려 고통스럽게 죽으며, 사랑하는 배우자와도 결국 헤어진다는 것을 깨닫는다. 예정된 고통을 알고 있음에도 주인공은 그 모든 것을 피하기는커녕 미래를 온전히 받아들인다. 배우자가 될 사람을 그대로 사랑하고 결혼을 약속하며 태어날 아이를 만나고자 한다.

이 영화의 후반부에 다음과 같은 대사가 있다.

"만약 당신의 인생을 전부, 처음부터 끝까지 알 수 있다면, 그걸 바꾸겠어요? 난 이 여행이 어떻게 흘러갈지, 결과가 어떻게 나올지 알고 있어도 난 모든 걸 껴안을 거야."

기꺼이 경험하기란 의지를 갖고 적극적으로 경험 안에 뛰어드는 것이다. 온전히 수용한다는 것은 고통이 예상되는 상황일지라도 거부하거나 회피하지 않을 뿐 아니라 오히려 다가가고 품어낸다는 것을 의미한다. 누군가를 진정으로 사랑하는 것이 의미가 있기에 결국 헤어지고 죽는 것을 알면서도 사랑하는 것이다. 사랑이 가치가 있기에 사랑과 함께하는 고통도 껴안는다.

상담자인 나도 이렇게 수용을 이야기하면서도 불행과 고통, 결핍과 좌절을 수용하기가 쉽지 않다. 깊은 고통 속에 있는 사람을 만날 때는 '내가 더 능력이 있다면 더 잘 해결할 수 있지 않을까? 왜 나는 부족할까?' 이런 생각에 빠지기도 한다. 함께 고통으로 들어가 길을 찾기 어려워지기도 한다.

그런데 어쩌면 내가 부족하고 고통에 쉽게 빠져들기 때문에 잘 공감하는 것은 아닐까 생각한다. 빛은 항상 그림자를 동반한다. 장점이 있다면 반드시 단점이 따라온다. 우리는 하나만 선택할 수는 없다. 고통은 인간의 조건이다. 그것을 온전히 수용할 때 역설적으로 고통으로부터 자유로워질 수 있다.

정신과 의사 스캇 펙의 《아직도 가야 할 길》(율리시즈, 2023)은 다음과 같은 글로 시작한다.

"삶은 고해(苦海)다. 이것은 위대한 진리다. …… 이것이 위대한 진리인 까닭은 진정으로 이 진리를 깨닫게 되면 그것을 뛰어넘을 수 있기 때문이다. 진정으로 삶이 힘들다는 것을 알게 되면, 즉 진정으로 그 사실을 이해하고 받아들이게 되면, 삶은 더이상 힘들지 않게 된다. 일단 받아들이게 되면 삶이 힘들다는 사실은 더이상 문제가 되지 않기 때문이다."

지친 나와 동료를
돌아볼 때

자살을 이야기해야 하는 이유

자살이란 '고의로 스스로 자신의 목숨을 끝내는 것'을 의미하며 생각, 계획, 시도에 이르는 일련의 행동을 포괄적으로 이르는 말이다. 우리나라의 자살률은 2002년부터 현재까지 경제협력개발기구(OECD) 회원국 중 1위를 기록하고 있다. 2017년에는 리투아니아의 자살률이 우리나라보다 높아 2위로 떨어진 적이 있었지만 그해뿐이었다. 이후 리투아니아의 자살률이 감소해서 2018년부터 자살률 1위를 현재까지 유지하고 있다.

경찰관의 자살은 일반인보다 두드러지게 높지 않지만, 다른 공무원들보다는 높게 나타난다. 2018년부터 2022년까지 5년간 자살로 사망한 경찰관은 105명인 것으로 최근 보도된 바 있다. 평균 매년 경찰관 21명이 자살로 사망하는 셈이다.

우리는 무언가를 강조할 때 "맛있어 죽겠다", "보고 싶어 죽겠다"라는 등 습관적으로 '죽겠다', '죽고 싶다' 라는 표현을 많이 사용한다. 죽음을 터부시하는 문화이지만 죽음에 대한 표현은 꽤 자주 사용된다. 지치고 힘든 상태에 있을 때 길을 가다가 사고나 났으면 싶다, 아침이 오지 않았으면 좋겠다, 세상에서 사라지고 싶다 등등 수동적으로 죽음에 대한 소망을 경험할 수 있다. 더 적극적으로 구체적인 방법들을 떠올리며 죽고 싶다고 생각하기도 한다.

자살은 까다로운 주제이기도 하지만 동시에 우리와 멀지 않은 문제다. 특히 우리나라의 높은 자살률을 고려한다면 자살을 떠올릴 만큼 힘들어하는 사람은 실제 자살로 사망한 비율보다 훨씬 높을 것이다. 자살로 누군가를 잃은 자살 유가족, 자살 생존자도 상당히 많을 것이다. 자살 자체를 막아야 하며, 자살이 벌어졌다면 여기에 영향을 받는 이들을 위해 함께 고민하고 살펴야 한다.

자살의 대인관계 이론은 심리학자 토머스 조이너가 자살이 일어나는 주요한 원인으로 대인관계에 주목한 이론이다. 스스로 죽고자 하는 소망이 '좌절된 소속감' 과 '짐이 된다는 느낌' 이 있을 때 일어난다고 본다.

좌절된 소속감이란 보살핌을 주고받는 관계가 없이 혼자라고 느끼는 상태를 의미한다. 외로움과 고립감, 내게 아무도 없다는 느낌을 말한다. 짐이 된다는 느낌은 말 그대로 주변 사람이나 조직, 사회에 도움이 되는 것이 없고 오히려 타인이 자신을 짐처럼 여길 것이라는 느낌이다. 무가치감, 좌절감, 자기 비난 등을 경험할 것이다. 좌절된 소속감과 짐이 된다는 느낌을 함께 경험할 때 자살을 생각하며, 이런 자살 소망이 행동으로 이어질 때는 습득된 자살 실행 능력이 필요하다고 토머스 조이너는 설명하고 있다.

습득된 자살 실행 능력은 죽음에 대한 두려움이 적은 것, 그리고 통증이나 고통에 대한 인내력이 높은 것을 말한다. 자살 시도력이 있는 사람이 자살 위험이 크다는 결과가 있다. 아마 자살 시도를 반복하면서 점점 익숙해지고 죽음에 대한 두려움이 옅어질 수 있다. 실제 실행하지 않더라도 죽음을 반복적으로 상상하고 떠올리는 것 역시 자살을 시도할 때의 불안감을 줄여주는 역할을 할지도 모른다.

누구에게나 일어날 수 있는 일

심리학자 로리 오코너는 자살에 관한 여러 이론을 종합하고 확장해서 자살 행동이 일어나는 과정을 통합적 동기-의지 모델로 설명한다.

첫 번째 동기 전 단계는 '자살 배경 요인과 촉발 사건'이 자살 생각이나 의도를 형성하는 바탕으로 작용한다고 본다. 타고난 소질이나 취약성, 환경, 인생의 부정적인 사건이 있을 때 자살을 생각하기가 쉬워진다는 것이다.

두 번째 동기 단계는 '자살에 대한 생각이나 의도가 형성'되는 단계다. 상당한 스트레스나 심적 고통이 거기에서 벗어날 수 없다는 속박감으로 연결되고, 이는 자살에 대한 생각과 자살하고자 하는 의도로 이어질 수 있다.

스트레스 상황에서 문제를 해결하거나 대처하기, 폭넓은 관점으로 성찰하기 등으로 이를 조절할 수 있다면, 상황이나 자신 안에 갇혀 있다는 속박감까지는 이어지지 않을 수 있다. 그런데 일반적으로 심한 스트레스는 폭넓게 바라보는 역량을 떨어뜨려 고통에 매몰되게 하고 다른 대안을 떠올리기 어렵게 하기도 한다. 이를 터널 시야라고 하며, 많은 연구에서 자살을 생각하는 사람들이 터널 시야 상태에 빠진다고 보고한다.

스트레스가 속박감으로 이어졌다고 해도 그 상태에서 누군가의 실제적 또는 정서적인 도움을 받거나 미래에 대한 희망을 품을 수 있다면 자살해야겠다는 동기를 줄여줄 수 있다. 자살의 대인관계 이론에서 강조하는 좌절된 소속감이나 짐이 된다는 느낌이 이 단계에서 중요한 동기 조절 변인이 될 수 있다.

마지막 세 번째 의지 단계는 '자살 행동을 실행'하는 단계다. 자살해야겠다고 생각하는 사람이 모두 자살을 실행에 옮기지는 않는다. 이 단계에서는 자살 수단에 접근할 가능성, 충동성, 자살을 구체적으로 계획하는 것 등이 자살 의지를 조절해서 실제 행동으로 이어지는 데 영향을 준다. 자살의 대인관계 이론에서 꼽은 습득된 자살 실행 능력이 여기에 포함된다.

통합적 동기-의지 모델에서는 자살이라는 현상을 행동으로 정의해서 설명한다. 특정 행동을 하겠다는 동기가 어떻게 일어나고, 그 동기는 어떻게 의지로 연결되어 행동까지 실행하도록 하는지에 초점을 맞추는 것이다. 이는 흡연, 음주, 운동 등과 같은 다른 건강 관련 행동에도 적용되는 설명을 자살에 접목한 것이다.

이전까지 자살은 정신질환 때문에 일어난다는 가설이 우세했다. 물론 우울증과 같은 정신질환의 영향은 상당히 크다. 그런데 자살을 연구하고 깊이 알수록 정신질환뿐 아니라 다양한 요인이 자살에 관여하는 것으로 밝혀지고 있다. 단일한 요인이 아니라 사회문화적·경제적·대인 관계적·개인적·역사적 요인들이 복합적으로 영향을 주는 것이다.

자살을 정신질환이나 한 가지 사건의 단일한 영향으로 단순하게 파악하다 보면 그런 일은 나와는 전혀 다른 사람이나 겪는 일이라고 치부해버릴 위험이 있다. 정신적으로 건강한 사람도 심각한 스트레스의 지속, 고립되는 상황, 음주와 같은 충동성이 높아지는 상태 등이 결합하면 자살 행동으로 이어질 수 있다.

자살은 쉽게 타자화해서 상관없는 일이라고 할 만한 현상이 아니다. 누구나 힘든 상황이 계속 이어지면서 벗어나기 어렵다고 느낀다면, 주변에 도움을 받을 수 없고 오히려 자신의 존재가 사람들에게 짐이 되고 있다고 느낀다면 죽음을 떠올릴 수 있다.

자살을 생각하는 사람들은 자기 죽음으로 주변 사람들의 짐을 덜어주겠다는 왜곡된 생각에 사로잡히기도 한다. 실제로는 주변 사람을 자살로 잃을 때 사람들은 상당한 충격과 고통 등 부정적인 영향을 받는다. 그런데 터널 시야에 갇히면 이런 측면은 제대로 보이지 않고 주변인들에게 부정적인 영향을 끼치는 비합리적인 선택을 하는 데까지 이른다. 누구에게나 자살의 위기가 다가올 수 있다. 경찰관 역시 예외가 아니다.

꺼내지 못한 말이지만

경찰 업무 중에는 죽음을 마주할 일이 많다. 자살 시도자를 구조하거나 자살로 사망한 현장에 출동하는 것은 경찰관의 일이다. 다양한 사망 현장을 마주하고, 여러 자살 방법을 접하기도 한다. 고인이나 유족에게 공감하다 보면 죽음의 상황에 자신을 포개는 상상을 할 수도 있다. 그러다 보면 죽음에 대한 두려움은 줄어들고 자살이 가능한 선택지가 될 수 있다는 생각이 스며든다.

최근 한 연구에서는 가족, 친구, 동료 등 가까운 관계의 사람을 자살로 잃은 직접 경험은 경찰관 자살 사고에 영향을 미쳤으나, 업무를 통해 간접적으로 자살을 접했을 때는 통계적으로 유의미한 영향이 나타나지 않았다. 여전히 업무 경험의 영향은 지속해서 추적, 관찰하고 연구할 부분이라고 생각한다.

자살 수단에 대한 접근성 또한 주목할 부분이다. 경찰관은 총기를 소지하고 있다. 범죄자를 제압하고 상황을 통제하기 위해 물리력을 사용하고 이를 위한 훈련을 한다. 물리적으로 자신을 해할 대담성과 도구를 갖추고 있는 셈이다.

경찰 업무에서 맞닥뜨리는 트라우마의 영향, 잦은 죽음의 노출, 악성 민원이나 주취자를 상대하는 스트레스, 업무 압박감, 진정이나 소송, 직장 관계나 가족 관계 문제 등은 자살에 대한 취약성으로 깔려 있다. 한강 다리가 권역 내에 있는 경찰관들은 한강에 투신하려는 자살 시도자를 구조하는 업무 빈도가 매우 높다고 한다. 그런데 어떤 경우에는 이전에 구조했던 사람이 재차 자살을 시도해서 다시 만나는 일이 있다고 한다. 죽으려고 마음먹은 사람을 구한들 다시 시도할 뿐이니 구조 업무에 힘이 빠진다는 경찰관들도 있다.

그러나 희망을 주는 연구들이 있다. 자살 수단에 접근하는 것을 막는 대책이 실제 자살률을 줄인다는 결과들이다. 영국에서 일산화탄소 대신 비독성 천연가스를 도입하면서 1960년대와 1970년대에는 이로 인한 자살 건수가 줄어들었다. 그리고 일산화탄소로 인한 사망이 감소했을 때 다른 수단에 의한 자살 사건은 소폭만 증가했다고 한다. 이는 특정 자살 수단의 접근을 금지해도 그에 대한 대체 효과 현상이 나타나지 않는다는 것을 말한다.

자살에 영향을 미치는 요인은 많고, 따라서 실행하기 전 단계에서 막는 것이 근본적인 해결책이 되지 않는 경우도 물론 많다. 그럼에도 마지막 순간에 이를 막을 수 있다면 생각보다 많은 사람이 터널 시야에서 빠져나와 죽음이 아닌 삶을 선택할 수 있다.

경찰관들이 구조한 많은 시민이 그때 경찰관의 도움으로 죽음의 문턱에서 살아날 수 있었다. 다만 그 영향이 가시적으로 잘 보이지 않을 뿐이다. 실제로 자살 위기에서 경찰관의 도움으로 생명을 구한 뒤 이에 대한 고마움을 표현하는 것을 종종 기사나 SNS에서 접한다. 이렇게 시민의 생명을 살리는 일을 하는 경찰관을 자살로 잃는 일은 없어야 할 것이다.

고통을 보고 듣고 말하라

축구에는 골키퍼가 있어서 공이 골문 안으로 들어가기 직전에 막아주는 역할을 한다. 자살 예방에서 게이트키퍼는 죽음의 문 앞에서 자살 행동을 막아주는 역할을 할 수 있다. 우리나라의 경우 경찰은 경찰 근무자들에게 조직 차원에서 동료 자살 예방 게이트

키퍼, 생명사랑지킴이 교육을 하고 있다.

이 교육은 '보고, 듣고, 말하기'로 자살 예방 활동을 소개한다. 함께 근무하는 동료의 자살 신호를 '알아보고', 충분히 경청하며 '들어주고', 자살에 관해 물어보고 '말하는' 것이다. 혹시 자살을 생각하는 것은 아닌지, 죽고 싶다는 생각을 하고 있는지 직접 물어볼 것을 강조한다.

힘들어하는 동료에게 자살에 대해 질문한다면 어떨지 떠올려보자. 자살을 언급하는 것이 오히려 자살에 대한 생각을 부추기는 것이 아닌지 염려할 수 있다. 그러나 많은 연구와 경험을 통해 직접 자살에 대해 터놓고 이야기하는 것이 자살을 막고 도움을 주는 것으로 나타난다.

죽음을 고려하고 있다는 것을 당사자가 이야기하면서 그 생각을 검토해볼 기회를 얻는다. 함께 이야기를 나누는 것만으로 혼자라는 외로움에서 벗어날 수 있다. 누군가가 나의 어려움에 관심을 기울이고 도우려고 한다는 느낌은 자신이 짐이 아니라 소중한 존재라는 감각을 일깨울 수 있다.

경찰직에 종사하는 중이라면 이 교육을 접해본 적 있을 것이다. 업무로 인한 피로감 때문에, 형식적인 교육이라는 생각 때문에 집중하지 못했을 수도 있다. 그러나 정말 자살 생각으로 위기에 놓여 있는 동료가 있다면 어떻게 할까 상상해보고 떠올리는 적극적인 연습을 해야 실제 상황에서 당황하지 않고 대처할 수 있다.

훈련 받은 상담자들도 자살 위기를 다루는 것에는 부담감을 느낀다. 그렇기에 여러 교육을 받고 자료를 찾고 미리 준비한다. 상담을 직업으로 삼는 이들만큼은 아니지만, 옆에 있는 누군가를 죽음 앞에서 막아주는 것은 이해와 준비가 필요한 일이다.

 통합적 동기-의지 모델을 소개한 로리 오코너는 저서 《마지막 끈을 놓기 전에》에서 자살은 죽고 싶어서 택하는 것이 아니라 고통을 끝내기 위해 택하는 것이라고 강조한다. 자살의 위기를 겪고 있는 사람이 있다면, 그 고통에 손 내밀고 함께해주길 바란다. 때로는 따뜻한 관심의 말 한마디, 행동 하나가 누군가를 살린다.

경찰관도 사람이다

누가 이 마음을
보듬어줄까

경찰관 5명 중 1명 트라우마 호소해

- '이태원 참사' 현장 출동 경찰관 5명 중 1명 트라우마 호소했다(아시아경제, 2022.11.23.)
- "상담받다 출동" "예약하고도 못 가"…심리치료 쉽지 않은 소방·경찰(경향신문, 2022.11.15.)
- "호흡 가빠지고 무기력해져" 현장 나간 소방관·경찰 트라우마(한겨레, 2022.11.02.)

2022년 10월 29일 이태원 참사 후 경찰관들이 트라우마를 경험하는데, 심리치료가 쉽지 않다는 내용의 기사들이다.

이태원에서 발생한 참사는 개인의 대처 능력을 넘어서는 압도적인 사건이었다. 서울 시내 한복판에서 너무나 많은 사상자가 발생했다. 이 일은 사건 현장에 있던 사람들, 사상자의 주변에 있는 사람들, 때로는 이 일을 뉴스나 SNS를 통해 접한 사람들에게도 큰 영향을 미쳤다. 경찰관들은 당시 사건 현장에 투입되기도 했고, 현장 지원을 위한 업무를 맡기도 했으며, 사건 이후 유가족 지원이나 대처 업무를 담당하기도 했다. 모두 직접적 혹은 간접적으로 참사의 영향권에 가까이 있었다. 그리고 이 참사는 우리나라 국민 모두에게 트라우마 사건이다.

트라우마란 생명, 안녕감, 통합감을 해치거나 위협하는 사건을 직접 경험하거나 옆에서 목격할 때 경험하는 스트레스를 말한다. 직접 경험뿐 아니라 갑작스럽고 충격적인 사건이 가까운 사람에게 발생한 사실을 알게 되거나 직업 활동 중에 사건의 세부 사항에 반복적 또는 극단적으로 노출되는 것 또한 트라우마에 포함된다. 경찰은 업무 특성상 누군가가 크게 다치거나 죽는 상황을 계속 접하기 쉽고, 조사를 위해 반복적으로 살펴봐야 할 수도 있다.

경찰복 안의 트라우마

최신 견해들은 사건 자체보다 사건을 경험하고 해석하는 개인의 주관성을 강조하는 추세다. 개인의 주관성이 중요하다는 것을 트라우마 스트레스가 개인적인 것일 뿐이라고 단순하게 해석하면 안 된다. 개인의 신체적·심리적 상태도 중요하지만, 사건이 일어난 맥락, 당시 주변 상황, 사회적 분위기나 사람들의 반응 등 여러 조건이 복합적으로 작용한다. 무엇이 트라우마가 될 수 있느냐는 객관적인 합의를 거쳐 결정되는 것이 아니라 주관적인 고통과 그에 대한 인식에 따른다는 의미다.

그런데 경찰관들은 참사 앞에서 "경찰관이라는 직업을 가졌기 때문에 강인해야 한다. 스스로 감당해야 한다", "피해자나 유족에 비하면 나의 어려움은 별 것 아니다. 드러내면 안 된다"라는 등 주관적인 고통을 지나치게 개인화하고 축소하는 경향을 보이기 쉽다. 물론 직업적인 책임감, 스스로 이겨내고자 하는 통제감과 같은 특성이 어려움을 통과하는 과정에서 힘이 되기도 한다. 그러나 과도할 때는 이 때문에 주변 사람이나 전문가와 마음을 나누고 필요한 도움을 받지 못할 수 있다.

트라우마 스트레스 반응은 여러 가지로 나타난다. 상당한 위협을 맞닥뜨리기 때문에 몸은 본능적으로 싸우거나 도망치는 등의 방어 반응을 준비한다. 빠르게 움직이기 위해 근육에 긴장이 올라가고, 혈액을 공급하려고 심장이 빨리 뛰고, 산소 공급을 위해 호흡이 빨라진다. 움직일 때 열이 날 것을 대비해 몸을 식히려 땀을 방출하고, 손이나 발 등 말단 부위의 혈관은 수축한다. 혹은 몸이 얼어붙기도 하며, 자신이 어디 있는지조차 떠올리기 어려운 멍한 상태가 되거나, 심하면 기절하기도 한다.

이것은 개체를 보호하기 위해 본능적으로 일어나는 몸의 반사적인 반응이다. 몸이 떨리거나 갑작스럽게 눈물이 날 수 있고, 과민한 상태에서 쉽게 짜증이나 화가 치밀기도 한다. 과도하게 각성되어 있어서 자극에 크게 반응하는 것이다.

각성이 올라가 있어서 잠들기가 어렵고 겨우 잠이 들어도 악몽을 꾸거나 자주 깨는 등 수면의 어려움을 겪을 수 있다. 감정적으로는 불안, 두려움, 분노, 좌절감, 무력감을 느낄 수 있으며, 과도한 죄책감이나 수치심까지 느끼기도 한다. 사건과 관련된 이미지나 소리 같은 것들이 떠오르며, 주의를 집중하기가 어렵고, 수많은 생각으로 혼란스러워지기 쉽다.

내 몸이 내게 보내는 신호

이 모든 반응은 자연스럽고 당연하다. 정도나 양상의 차이가 있을 뿐 사람들 대부분이 경험하며, 시간이 지남에 따라 천천히 잦아든다. 그러나 자연스러운 반응이니 내버려두라는 의미가 아니다. 비가 오고 바람이 부는 것이 이상하지 않으며 자연스럽다고 해서 맨몸으로 비바람 속에 뛰어들지는 않는다. 날씨에 따라 우산을 쓰거나 옷을 껴입는 것처럼 몸과 마음의 반응이 일어날 때 몸과 마음을 보살피고 필요한 것들을 챙겨야 한다.

먼저, 신체적 각성을 조절하고 안정감을 느끼는 것이 필요하다. 편안하고 깊은 호흡, 스트레칭이나 산책 등 신체 이완에 도움이 되는 활동을 해야 하며, 이전보다 수면을 위해 잠자리를 더 챙기고 카페인이나 알코올을 줄이도록 한다. 불편한 감정이나 감각을 피하려 일을 늦게까지 너무 많이 하거나 잠을 자려고 술을 마시는 경우가 많다. 일시적으로는 도움이 되더라도 장기적으로는 오히려 스트레스가 처리되고 각성이 줄어드는 것을 방해한다.

충분히 잘 쉬고, 식사와 수면을 잘 챙기고, 수분과 영양을 잘 섭취해서 신체적 컨디션을 유지해야 한다. 일상의 루틴을 유지하면서 취미나 운동과 같은 긍정적인 활동을 하며 긴장을 풀어준다. 족욕, 반신욕, 마사지, 사우나 등 자신에게 맞는 방법들을 적용해 보자. 트라우마 사건은 보통 예상하지 못한 채 돌발적으로 빠르게 일어나기 마련이다. 회복하기 위해서는 의도적으로 일상 활동을 천천히 차분하게 하는 것이 좋다.

사건의 장면, 소리, 감각과 같은 것들이 원하지 않을 때 떠오른다면 주의를 긍정적인 쪽으로 돌려보자. 주변을 천천히 돌아보면서 마음에 드는 것을 찾는다. 매일 사용해서 익숙한 컵, 초록빛으로 생생한 화분, 창밖 풍경, 소중한 사람의 사진, 선물 받은 장식품 등 무엇이든 좋다. 그것을 바라보고 좋은 느낌에 머무른다. 좋은 느낌이 몸의 어느 부분에서 어떻게 나타나는지 살펴본다. 긴장이 풀리는 느낌, 가슴이 펴지는 느낌, 따뜻하거나 시원한 감각과 같은 긍정적인 감각을 느껴본다.

사건과 관련된 이미지와 생각이 몰려들어 주의를 돌리기 어렵다고 느껴진다면, 이미지와 생각을 넣어둘 수 있는 마음의 금고를 구체적으로 그려보는 것이 도움된다. 이것은 운동선수들도 마찬가지다. 직접 몸을 움직이는 것뿐만 아니라 심상을 떠올리는 방식의 이미지 트레이닝 역시 운동 능력 개선에 큰 힘이 된다.

운동선수가 이미지 트레이닝을 하듯이 생생한 이미지를 떠올려보자. 마음속 금고의 색깔, 크기, 모양을 구체적으로 상상해보라. 금고 안에 장면, 소리, 감각, 생각을 넣어 둔다. 잠을 잘 때나 일할 때처럼 원하지 않을 때는 금고 속에 잘 넣어 두고, 필요할 때 떠올리고 정리할 수 있다. 긍정적인 경험, 편안함을 느꼈던 기억, 이전에 어려움을 잘 극복했던 기억들을 떠올리는 것도 좋다.

경찰관도 사람이다

트라우마는 개인이 홀로 처리하지 못할 때가 많다. 조직의 지원, 사회적 지지, 누군가와 연결되어 있다는 감각이 심리적 안정감을 느끼는 데 필수적이다. 인류는 서로 간의 사회적 유대감에 의지해 안정을 도모하는 방식으로 진화해왔다.

다른 사람이 의도적으로 행동하는 것을 보기만 해도 보는 사람의 뇌 속에서 자신이 움직일 때와 마찬가지로 반응하는 뉴런들이 있으며, 이를 거울뉴런이라고 한다. 거울뉴런 덕분에 직접 경험하지 않더라도 다른 사람의 행동을 보고 모방해서 학습할 수 있다. 거울뉴런과 연결된 공명회로를 바탕으로 타인의 의도나 감정을 파악하고 이해할 수도 있다. 비슷한 경험을 한 사람들과 경험을 나눌 때 고립감이나 수치심을 덜어낼 수 있다. 안정적인 사람과 함께할 때 신경계는 안정될 수 있다. 필요하다면 전문적인 상담자, 의료진을 찾자. 혼자 있으려 하지 말고, 의도적으로 좋은 사람들과 시간을 갖자.

 일상의 범위를 넘어선 참사 앞에서 혼란과 동요를 겪는 것은 당연하다. 경찰관이라는 직업인이기 이전에 모두 한 인간이다. 만약 아끼는 동료가 힘들어한다면 어떤 말과 행동을 해주고 싶은가? 그것을 자기 자신에게 해주기 바란다. 까다로운 절차를 통과해서 경찰관이 되었고, 어려운 업무를 견뎌온 만큼 회복할 힘이 있다.

민원인보다 내부인이 힘들다면

나를 무시하니까 그러는 거야

 지금 이 글을 쓰는 1, 2월은 대대적인 인사이동이 있는 시기다. 익숙했던 사람들 대신 새로운 사람을 만난다. 누군가는 동료 관계에서 속앓이하다가 헤어질 결심을 하며 희망을 느낀다. 누군가는 편안하고 안정된 관계를 잃을까 노심초사한다.

 상담하는 경찰관 중에는 사람 때문에 받는 스트레스가 가장 크다고 말하는 이들이 많다. 말도 안 되는 요구를 하거나 무례하게 굴고 위협적으로 대하는 민원인이나 관련인 때문에 사건 조사나 처리 과정에서 어려움을 겪는다. 그런데 이렇게 외부의 사람이 아니라 같이 일하는, 내부에 있는 사람 때문에 힘들 때는 더는 방법이 없다고도 한다. 민원인은 사건을 처리하고 나면 더는 만나지 않아도 되지만, 같이 일하는 사람은 계속 얼굴을 마주해야 하고 같은 공간이다 보니 피할 길이 없기 때문이다.

민원 스트레스를 받더라도 상사나 동료가 좋아서, 응원하는 한마디 말 때문에 견디기도 한다. 반대로 민원인에게 시달려 에너지를 소모했는데 상사나 동료의 불편한 행동이나 말 때문에 당장 그만두고 싶어진다. 누군가와 일하느냐는 큰 영향을 미치지만, 같이 일하는 사람을 원하는 대로 고르기는 어렵다. 이런 관계에서 어려움을 경험할 때는 어떻게 해야 할까?

다른 사람의 행동이나 말 때문에 안 좋은 감정이 일어나고 원하는 것을 할 수 없을 때 스트레스를 경험한다. 그런데 이때 다른 사람의 행동이나 말을 있는 그대로 제대로 관찰하고 있는지 먼저 점검할 필요가 있다.

길을 지나가는데 동료가 인사를 하지 않고 지나간 상황을 예로 들어보자. 인사하지 않은 행동에 '나를 무시하는 건가?'라고 해석한다면 화가 난다. 혹은 '나를 싫어하고 있구나'라고 생각하면 위축되고 우울해질 수 있다. 그러나 다른 가능성이 있다. 다른 생각에 골몰해서 나를 보지 못했을 수 있다. 상대방 역시 내가 못 본 척한다고 생각할 수도 있다. 이렇게 보면 화내거나 우울해할 일이 아니라는 것을 알게 된다.

우리는 일상에서 본능적으로 다른 사람의 행동이나 말의 의도를 ~~추측~~하고 평가한다. 경찰관은 특히 자신의 잘못을 숨기거나 거짓

말하는 사람을 상대하다 보니 상대방이 드러내는 것 이면에 있는 것을 파악하려 하고 감추는 것을 드러내려 노력한다. 보통 상대방의 동기와 의도를 추측하려다 보면 대개는 부정적인 방향으로 흘러가기 쉽다. 현재 일어나는 상황만 고려하지 않고, 이전에 있었던 일을 모두 훑고 뒤져 '원래 그랬다' 라는 식으로 확장해서 생각하기도 쉽다.

누군가 나를 무시한다거나 싫어한다는 생각은 도움이 되지 않는다. 설령 그것이 사실이라고 한들 정확하게 확인할 수 없는 상황에서는 그렇게 생각하는 것이 도움되지도 않는다. 생각이 많아질 때는 잠시 멈추고 돌아보자. 이렇게 생각하는 것이 과연 도움이 되는지 자신에게 질문해보자.

다른 사람의 언행에 대한 평가나 판단을 멈추는 것이 중요하다. 평가나 판단은 그것이 필요할 때만 발휘하자. 일상의 모든 상호작용에서 지나치게 평가하거나 판단하다 보면 생각만 많아지고 오히려 상황을 제대로 보기 어려워진다. 가까운 관계에서는 특히 그럴 필요가 있다. 평가나 판단은 나의 관점에 치우치기 쉽다. 붉은색 색안경을 끼고 보면 모든 것이 붉게 보인다. 색안경을 벗어 두고, 있는 그대로 상황을 보자.

나의 메시지로 구체적으로 말해야

 다른 사람이 내 마음을 먼저 알아주길 바란다. 내게는 당연하기 때문에 다른 사람도 당연하게 여기고 알아서 해주길 기대한다. 내가 일찍 출근해서 사무실을 정리하고 있으니 다른 사람도 당연히 고마워하고 물건을 정돈하겠거니 생각한다. 하지만 내게 당연하다고 해도 남들에게도 당연하지는 않다. 유명한 초콜릿 과자 CM송 가사처럼 말하지 않아도 알아주었으면 하지만, 내가 어떻게 느끼고 무엇을 원하는지는 말하지 않으면 상대방은 모르는 경우가 더 많다. 이심전심으로 통하는 사람을 만났다면 그것이야말로 귀한 행운이다.

 일로 만나는 사람을 자유롭게 선택할 수 없다. 이 직업을 선택했다는 공통점 외에는 하나도 일치하는 것이 없는 사람을 만날 수도 있다. 일터에서 잘 통하고 잘 맞는 사람을 만났다면 복권에 당첨되었다고 여기면 된다. 대개는 잘 통하려면 잘 표현해야 하고, 잘 어울리기 위해서는 맞춰가는 지난한 과정이 필요하다.

 느끼는 것과 원하는 것을 '나'를 주어로 표현하는 것이 효과적이다. '아이 메시지(I-message)'라는 대화법을 아는가? 상대방을 주어로 말하면 자칫 비난이나 공격처럼 들리기 쉽다. "○○가 나를 무시하는 것 같아요." 이런 말은 부드럽게 표현하더라도 단징이나 비난처럼 들린다. 대신 "나는 존중받고 싶어요"처럼 나를 중심으로 내가 느끼고 원하는 것을 말한다. 감정은 나의 것이다. 'ㅇㅇ가 나를 화나게 했다'보다는 '나는 화나는 감정을 느낀다'가 더 정확한 표현이다.

내가 느끼고 원하는 것을 표현했다면, 상대방이 해주길 바라는 것을 구체적으로 요청하는 것이 필요하다. '화가 났다고 말했으니 다음에는 알아서 조심하겠지'라는 생각은 넘겨짚는 것일 수 있다. 상대방은 조심한다고 했는데 정작 내가 생각하는 것과는 다를 수도 있다.

"이 일을 어떻게 해야 합니까?"라는 질문에 "그냥 잘 하면 돼요"라고 한다면, 잘하는 게 무엇인지, 그냥 하던 대로 하면 되는지 알 수 없다. 마찬가지로 누군가와 상호작용할 때는 내가 바라는 것을 구체화해서 말해야 한다. 공용물품은 사용한 후에 제자리에 놓아 달라거나 하는 식으로 상대방이 알아듣고 실행할 수 있도록 요청한다.

내 요청이 모두 받아들여질 수는 없다는 것 또한 잊지 말아야 한다. 내 기준에서는 하나도 어렵지 않아도 상대방에게는 더없이 어려운 일일 수 있다. 나의 가치관으로는 필요한 일이지만 상대방의 기준으로는 불필요하게 여겨질 수 있다. 나만 옳다는 생각을 내려놓고 당신도 옳다고 되뇌어보자. 나도 옳고 당신도 옳을 수 있다. '반드시 ~해야만 한다'라는 절대적인 명제에서 벗어나 각각의 상황과 맥락에 따라 살펴보자.

그리고 서로가 생각하는 것과 원하는 것을 타협해나가야 한다. 타협한다는 말이 때로는 비겁한 태도로 사용될 때가 있다. 그러나 여기서 말하는 타협은 내 기준이나 가치관을 다 포기하는 것을 의미하지 않는다. 나의 기준과 가치관, 상대방의 기준과 가치관을 함께 놓고 서로 물러설 수 있는 범위를 정하고 맞춰 가는 것이다.

이 마음은 어디에서 비롯했을까

　대인관계에서 경험하는 감정 중에는 객관적으로 누구나 그렇게 느낄 만하다고 여겨지는 것이 있다. 반면에 상황에 비춰 지나치게 격한 감정이 일어나거나 유독 특정한 상황은 견디기 어렵게 느껴지기도 한다. 그럴 때는 과거의 트라우마 기억이 현재 상황과 겹쳐지는 현상일 수 있다.

　운전하다가 교통사고가 크게 났던 사람이 다시 운전하려고 하면 긴장되고 떨리는 느낌을 경험할 수 있다. 과거에 사람 때문에 크게 상처받은 경험이 다른 사람을 대할 때도 긴장과 떨림을 일으킬 수 있다. 작은 실수에도 성품이나 자질을 나무라는 선배를 경험했다면 다른 선배들과 관계에서 지나치게 위축되거나 거부적인 태도를 보일 수 있다.

　예전에 불편했던 사람과 체형이나 말투가 비슷한 사람을 대할 때 과도하게 불편하고 싫은 느낌을 받을 수 있다. 현재 이 사람이 아닌, 과거 어느 시점의 다른 사람과 관계된 경험과 기억이 지금 느끼는 감정의 큰 지분을 차지할 수 있다.

이 감정이 어디에서 오는지 거슬러 올라가다 보면 어린 시절까지 닿는다. 어린 시절에 양육자로부터 쌓은 경험은 첫 번째 사회적 관계 경험이자 대인관계의 틀을 형성한다. 어린아이는 양육자의 돌봄 없이는 생존할 수 없기에 양육자에게 전적으로 의지한다. 어린아이는 부모를 절대적으로 본능적으로 사랑한다. 어린아이의 뇌는 아직 다 발달하지 않았기 때문에 감정적이고 감각적이다.

양육자의 말과 행동에 큰 영향을 받고 세상을 바라보는 관점을 형성한다. 상담 장면에서는 이렇게 어린 시절의 기억을 다루는 작업이 빈번하게 일어난다. 마음에 남아 있는 아이의 부분이 현재 대인관계 경험에서 촉발되는 일이 빈번하기 때문이다.

과거 기억의 영향은 '그런 일이 있었구나' 하는 명시적 기억뿐 아니라 몸에 남아 있는 느낌과 감각, 감정 등 암묵적 기억으로도 남아 있다. 강한 느낌과 감정이 일어날 때, 판단과 평가를 잠시 내려놓거나 멈추고 그 경험을 바라보자. 특히 몸의 느낌을 잘 알아차리는 것이 경험을 알아차리는 데 도움이 된다. 긴장이나 조급한 느낌, 힘 빠지는 느낌이나 무력감, 호흡이나 심박, 자세가 위축되는지 무너지는지 몸을 관찰할 때 자신의 경험을 알아차리기 수월해진다. 현재의 느낌과 감정을 혹시 자주 경험하지 않는지 자문해보자.

  내게 익숙한 감정적 패턴이라면 그것은 현재 일어나는 상황 때문만은 아니라는 사실을 알아차려야 한다. 이를 위해서는 자신의 느낌과 감정을 부드럽게 인식하는 것이 가장 중요하다. 자신의 몸과 마음을 살펴보고, 자기 자신에게 부드럽게 질문해볼 수 있다.

  '이 느낌과 감각, 감정은 어디서부터 왔지?'

우리 사이에는 섬이 있다

  우리 모두에게는 심리적 경계가 있다. 경계는 자기 생각과 느낌, 감정을 타인의 것과 구분해주고 그것들을 담아주는 기능을 한다. 그런데 심리적 경계는 넘어갈 수 없는 장벽이 아니다. 나의 경험을 다른 사람에게 표현하고 전달하기도 하고 상대방의 경험을 받아들이기도 한다. 건강한 심리적 경계는 필터 역할을 한다. 과거 경험으로부터 온 나의 패턴화된 감정은 스스로 돌아보고 알아차릴 필요가 있다. 타인에게 떠넘기지 않는 것이다.

  타인의 느낌이나 감정을 쉽게 넘겨짚지도 말아야 한다. 상대방이 감당할 감정은 그 사람의 몫으로 남겨 두고 기다려주자. 다른 사람이 불편할까 봐 지나치게 신경쓰느라 정작 관계가 악화하는 경우가 빈번하다. 타인의 몫까지 내가 감당할 수 없다.

현재 상호작용에서 일어나는 실제적인 느낌과 감정, 필요한 것은 도움이 되는 방식으로 상대방에게 전달해야 한다. 일과 경계를 잘 만드는 것이 대리외상이나 소진의 영향을 줄일 수 있는 것처럼 대인관계에서도 타인과 나 사이에 건강한 경계를 잘 만드는 것이 매우 중요하다. 건강한 경계는 고정되거나 경직된 것이 아니라 단단하지만 부드럽고 유연한 것이다. 상대방의 경계를 존중해주고 지켜주자. 나의 경계가 침범당하고 해를 입고 있다면 소통하고 조율하고, 그래도 해가 계속 이어진다면 그 관계를 떠나는 것도 방법이다.

각자 개인으로 살아간다. 타인을 완전하게 이해할 수 없고, 개인 사이에는 거리가 존재한다. 때로 그 거리는 건널 수 없는 막막한 바다처럼 느껴지기도 한다. 하지만 우리 사이에는 섬이 있다. 완전하게 이해할 수 없음을 알면서도 이해하려 노력하고 소통하고 맞춰 나가려 한다. 노력하다 보면 막막한 바다만이 아니라 우리가 만날 수 있는 섬이 있음을 발견할 것이다. 경찰관이라는 같은 직업인의 길을 선택한 우리다.

완벽주의와 자기 의심

그때 그렇게 했더라면

트라우마 사건은 이를 경험한 사람에게 수치심을 불러일으키기 쉽다. 과도하거나 해가 되는 수치심이 계속 이어질 때는 트라우마를 처리하는 데 어려움을 겪는다. 수치심은 트라우마 사건을 떠올리고 말하는 것을 어렵게 하고, 트라우마의 영향을 처리하고 정리하는 데 큰 방해물이 된다.

상담 중에 트라우마를 경험한 경찰관들이 많이 호소하는 것은 '그때 내가 무언가를 했더라면 이런 일이 발생하지 않았을까?' 같은 후회나 자책이다. 이런 후회나 자책은 수치심으로 이어지기 쉽다. 주취자에게 예상하지 못한 폭력 피해를 겪은 경우를 떠올려 보자. 경찰관이라면 누구나 노출되기 쉬운 상황이다. 그러나 당사자는 다른 동료들은 벗어났을 일을 나만 당했다는 식으로 왜곡해 해석하면서 수치심에 빠질 수 있다. 이런 일을 당했다는 사실 자체에 수치심을 느끼며, 이를 언급하기조차 꺼릴 수도 있다. 경찰관이라는 직업적 정체성에 손상을 입은 것처럼 느끼기도 한다.

그런데 트라우마 상담을 진행하면서 트라우마 사건이 일어나는 상황을 하나하나 살펴보다 보면 그 당시는 최선을 다했다는 것을 깨닫는다. 술에 취한 사람이었기 때문에 행동을 예상하기가 더 어렵다. 너무나 빠르게 일어난 일이므로 대응할 시간이 부족했을 수 있다. 동료는 현장에 있던 다른 사람을 분리해서 상대하고 있었기 때문에 동료에게 도움을 요청하기가 어려웠을 수 있다.

이미 사건이 일어난 후에 돌아볼 때는 그때 대처할 수 있었던 것들을 떠올릴지 모른다. 그러나 사건이 일어나는 동안에 한 치 앞도 내다볼 수 없어서 제한된 정보 속에서 대처를 선택할 수밖에 없다. 설령 무언가를 놓쳤다고 해도 개인의 잘못으로만 보기는 어려울 뿐만 아니라 자신의 존재가 잘못인 것처럼 해석하는 것은 누구에게도 도움이 되지 않는다.

수치스럽고 죄책감에 시달리고

수치심은 자신의 부족함이 외부로 드러나면서 다른 사람들이 자신을 결함 있거나 부적절하거나 부도덕하다고 평가하리라 인식할 때 느끼는 감정이다. 단순히 자신의 부족한 부분이나 특정한 행동에 대한 평가가 아니라, 자기 자신 전체나 존재 자체에 대한 부정적인 평가를 예측함으로써 일어나는 고통스러운 감정이다.

적당한 수준의 수치심은 자기 자신의 한계를 받아들이고, 실수할 수 있음을 인식하게 하며, 스스로 겸손하게 하는 등 긍정적인 특성으로 이어질 수 있다. 사람들과 조화를 이루어 관계를 맺도록 동기를 부여할 수도 있다. 그러나 수치심의 감정을 잘 인식해 분별하지 못한다면 왜곡되기 쉽고 파괴적으로 작용할 수 있다. 독성을 가진 감정으로 이어지기 쉽다.

자신이 심각한 결함을 안고 있고, 가치가 없고, 인정이나 사랑을 받지 못한 존재로 느껴지고, 사회적인 관계에 속할 수 없고, 관계 속에서 자기 자리를 찾을 수 없다는 느낌으로 이어진다. 절망감, 열등감, 무력감, 자기 경멸과 같은 강력한 감정의 소용돌이에 빠지기도 한다. 수치심 자체가 금기시되기도 하는데, 수치를 느끼는 것 때문에 수치스러워지는 '느낌의 덫'에 빠지기 쉽다.

수치심과 비슷한 감정으로 죄책감이 있다. 수치심이 자기 전체가 잘못되었고 무가치하거나 부적절하다고 느끼는 감정이라면, 죄책감은 초점이 자신이 아니라 행위에 있다. 즉 나 자신이 아니라 나의 행동에 잘못이 있다고 느끼는 감정이다.

죄책감 역시 주어진 상황에 맞지 않거나 과도할 때는 해가 되기도 하지만, 수치심보다는 건강한 방향으로 조절할 만한 여지가 더 있다. 자신의 행위에 잘못이 있었다면 이를 받아들이고 바로잡고 변화시키려 하며, 행위의 결과로 피해가 있었다면 이를 복구하려는 노력으로 이어질 수 있다.

죄책감처럼 자신이 한 특정한 행동이나 자신의 일부분을 구별해서 잘못을 인정한다면, 수치심처럼 자기 전체를 덮치는 감정 때문에 무력해지는 것을 방지할 수 있다. 인간은 누구도 완벽할 수 없기에 어떤 행동이나 말, 일이 잘못될 수 있다. 이런 잘못에 느끼는 인간적인 감정은 잘못을 인정하고 나아가려는 동기로 작동할 수 있다.

수치심의 나침반

정신과 의사 도널드 나단슨은 '수치심의 나침반' 이론으로 수치심에 대한 반응을 설명했다. 나침반의 동서남북이 있듯 수치심에 대한 반응을 물러나기, 자기 공격하기, 회피하기, 타인 공격하기 등 네 가지로 분류했다.

'물러나기'는 수치스러운 상황에서 벗어나고 관계로부터 멀어지는 것이다. 업무를 하다가 빠뜨린 일이 있었고 이를 수습하느라 당황스러운 상황을 예로 들어보자. 수치스럽기 때문에 이 일에 대해 누구와도 이야기 나누기가 어려워지고 대인관계에서 고립되기 쉽다. 수치심이 드러날까 조심하다 보면 불안한 상태에 빠지기도 한다. 불안이 커지면 오히려 실수할 가능성이 커질 수 있다.

'자기 공격하기'는 실수 자체를 넘어서서 '나는 무능하고, 이 일을 할 자격이 없다'라는 식으로 심한 자기 비난을 하면서 더 큰 수치심에 빠지는 것이다. 누가 뭐라고 하지 않았어도 '모두가 내가 자격이 없다고 볼 것이다', '나와 함께 일하고 싶지 않을 것이다'라고 예상한다. 자기 비난은 강력해서 좌절감이나 우울감으로 연결되기 쉽다. 결과적으로는 무기력해져 오히려 일을 제대로 할 힘을 내기가 어려워진다.

'회피하기'는 수치심을 느끼는 것이 고통스럽기 때문에 다른 활동 등으로 감정을 회피하는 것이다. 술을 마시거나 게임에 몰두하는 등 중독적인 활동으로 감정을 잊어버리려 한다. 때로는 자신이 어떤 감정을 느끼는지 인식하고 돌아볼 기회조차 주어지지 않을 수 있다. 일상이나 업무에 투여할 에너지가 중독 활동으로 빠져나가 지친 상태가 되고, 자신의 감정을 돌보기 어려워 부정적인 감정들이 쌓여갈 수 있다.

'타인 공격하기'는 자신의 수치심을 거꾸로 타인에게 돌리는 것이다. 자기 비난의 영향이 강력하고 고통스럽기 때문에 그 영향에서 벗어나려는 방어적인 반응이다. 실수의 원인을 타인이나 조직에서 찾아내어 그 대상에 분노를 쏟는 것이다. 때로는 자신이 수치심을 느낀다는 것조차 알아차리지 못할 수 있다. 물론 잘못의 여러 요인을 찾아 책임을 분배하는 것 자체가 나쁜 것이 아니다. 다만 수치심의 반응으로 타인에게 분노하고 공격하다 보면 분노에 치우치기 쉽고, 자신을 살피고 돌아보기 어렵게 한다. 주변 사람들이 힘들어지고 대인관계에 부정적인 영향을 끼칠 수도 있다.

이 네 가지 수치심에 대한 반응은 심리적 에너지를 깎아내리고, 사람들로부터 고립되게 하고, 불안이나 우울, 분노 등 격한 감정에 빠져들게 한다. 에너지가 떨어지기 때문에 상황을 바로잡고 적극적으로 변화시키기가 버거워진다. 억지로 상황을 바로잡았더라도 안심이나 안정감을 느끼기가 어려워진다. 수치심을 덜어내거나 피하려다 오히려 수치심을 키우는 꼴이 된다.

내면의 비난에서 벗어나는 길

수치심을 해독하는 방법을 살펴보자. 조직 내에서 서로가 수치심을 불러일으키고 있는지 점검하는 것이 우선이다. 일을 잘 해내야 한다는 목표로 과도하게 자신과 서로를 몰아붙이지는 않은가? 그렇게 몰아붙이고 자신 혹은 동료를 비난하는 것으로 업무 수행을 높이는 결과를 장기적으로 이어갈 수 있을지 생각해보자.

상담하다 보면 경찰관으로 처음 입직해서 일을 배울 때 어떤 선배를 만났는지 떠올리고 이야기하는 경우가 많다. 초임 시절에는 누구나 실수가 잦고 부족할 수밖에 없다. 어떤 사람은 실수하더라도 좋은 선배가 잘 짚어주고, 어떻게 하면 좋을지 가르쳐주고, 앞으로 잘할 수 있다고 격려해준 경험을 떠올린다. 또 다른 사람은 실수에 혹독하게 비판받은 경험을 떠올리는데, 실수 자체를 넘어 '너는 부족하고 결함이 있다' 라고 느끼도록 개인의 능력이나 자질 전체를 비난하는 선배를 만나 상처받고 좌절했던 일들을 이야기한다.

이 두 가지 경우 중 어떤 경찰관이 열심히 일할 동기를 가지고 안정감 있게 일을 해나갈 수 있었을까? 경찰의 업무 특성상 긴장하는 일이 많아 단호한 태도가 요구되지만, 단호함 이상으로 개인을 비난하고 공격하는 태도는 누구에게도 도움이 되지 않는다. 잘못된 행동이나 부분을 한 사람 전체와는 구분하는 것, 잘못의 결과에 대한 책임을 홀로 감당하게 두지 않고 할 수 있는 한 함께 나누는 것, 조직과 시스템이 실수나 잘못을 개선하는 쪽으로 나아가는 것이 우리가 지향할 방향이다.

수치심을 경험하면서 자기 공격하기로 반응할 때는 내면에서 자신을 혹독하게 비난하는 목소리가 나타난다. 물러나기나 회피하기, 심지어 타인 공격하기로 반응할 때조차 마음 한구석에서는 '너는 망했어', '쓸모없어', '자격이 없어' 등과 같이 부정적인 내적 대화가 이어질 가능성이 크다.

자주 하는 혼잣말을 살펴보자. 부정적인 상황에서 특히 쉽게 떠오르는 말이 있을 것이다. 이런 내적 대화를 알아차리는 것이 중요하다. 부정적인 내적 대화는 대개 매우 평가적이며 극단에 치우쳐 있다. 평가의 표현을 빼고 사실 그대로를 바라보자. '너는 망했어'가 아니라 '이번 일에서 특정한 실수를 했다. 실수를 바로잡기 위해 시간을 들여야 하고 도움을 구해야 한다' 등 구체적이고 사실적으로 상황을 기술해보자. 극단적인 평가를 걷어내기만 해도 과도한 감정이 가라앉는 효과가 있다.

반복적인 내적 대화는 과거의 경험으로부터 생겨나고 굳어진 것일 수 있으며, 자신에게 중요한 사람에게서 비롯한 것일 수도 있다. 초임 시절 가혹했던 선배, 경찰관 시험을 준비할 때 혹독하게 몰아붙인 강사, 학창 시절 체벌하던 교사, 어린 시절 괴롭혔던 친구, 때로는 지나치게 엄격했던 양육자 등 비난의 말이 과거로부터, 타인에게서 왔다는 것을 인식한다. 현재의 자신에게는 필요한 말이 아니라는 것을 구별할 필요가 있다.

있는 그대로 나를 사랑하라

'자기 자비'란 수치스럽고 고통스러운 상황에서 자신을 비난하는 대신 그런 자신을 이해하고 포용하는 태도를 말한다. 자기 자비는 자신감이나 자존감과는 다른 개념이다. 자신감이나 자존감은 높을수록 좋다고 보며, 보통 긍정적인 자기 이미지나 성취 경험에 기반을 둔다.

자신의 실수나 잘못이 드러났을 때, 자신감과 자존감은 급격히 떨어질 취약성을 안고 있다. 반면에 자기 자비는 긍정적인 경험만 추구하는 것이 아니다. 고통과 실패를 고립된 개인의 것으로만 보지 않고, 인간이라면 누구나 겪는 보편적인 경험의 한 부분으로 인식하는 태도를 포함한다. 자기 자신과 타인에게 모두 친절한 태도를 취하는 것이다.

자기 자비는 지나친 동정심과도 다르다. 동정심처럼 고통에만 주목해 빠져들면서 자신을 무력한 사람으로 만드는 것이 아니다. 자기 자비는 이 순간의 감각과 정서를 평가하지 않고, 있는 그대로 알아차리고 살피는 태도를 포함한다. 이것은 고통스러운 감정에 용기 있게 다가가서 있는 그대로를 감싸려는 시도다.

내가 사랑하는 사람이 나와 같은 경험을 하고 있다면 무엇을 해줄 수 있을까? 아마도 따듯하고 너그러운 행동과 말이 떠오를 것이다. 그것을 자신에게도 해주는 것이 자기 자비의 방식이다. 영화나 소설 등 예술작품 속의 인물, 또는 종교 속의 성인이나 신, 존경받는 위인 등 자비로운 대상을 떠올려도 좋다. 너그럽고 자비로운 대상이라면 어떤 말을 해줄까 상상해보자. 비난 대신 그 말을 자신에게 적용해보자.

수치심의 반응대로 행동하면 사람들로부터 멀어져 수치심을 해소할 기회를 잃기 쉽다. 수치심은 강력한 감정이므로 신체적인 감각을 동반한다. 복부나 가슴의 통증, 얼굴이나 상반신의 열감 등을 다양하게 경험되며, 움츠러들거나 사라져버리고 싶은 충동, 또는 얼굴과 몸을 가리고 숨고 싶은 충동을 함께 경험한다. 이런 충동대로 행동한다면 진솔한 자신을 표현해서 공감이나 위로, 지지나 격려를 받을 기회가 사라지고, 독성 수치심이 계속 이어질 수 있다.

변증법 행동치료에서 소개하는 감정조절 기술 중에는 '반대로 행동하기'가 있다. 감정대로 행동하는 것이 효과적이지 않을 때, 감정의 충동과 반대로 행동하는 것이다. 수치심의 충동대로 숨거나 피하는 행동 대신 받아줄 수 있는 사람에게 털어놓는 것이다.

수치심은 사회적인 거부나 거절, 고립에 대한 예상과 관련되는 감정이다. 따라서 자신을 수용해주는 믿을 만한 사람과 수치심의 경험을 나눌 때, 누군가와 연결되는 감각이 우리를 안정되게 해주고 수치심을 가라앉힐 수 있다. 수치심의 경험을 나누고 연결을 되찾기 위해 상담을 활용하는 것도 좋은 방법이다.

고대 그리스의 철학자 플라톤의 명언으로 알려져 있으며, 영화 〈원더〉의 대사로 쓰인 구절을 인용하는 것으로 마무리하겠다.

"힘겨운 싸움을 하는 모든 사람에게 친절하라."

내 속에는
내가 너무도 많아

나도 모르는 내 안의 나

"내 속엔 내가 너무도 많아."

시인과촌장이 부른 〈가시나무새〉는 한 사람의 마음속에 여러 마음이 있어서 내적으로 부딪치고 갈등하는 상태를 가시나무숲에 비유했다. 욕망과 어둠과 슬픔으로 복잡한 마음, 그래서 고요히 휴식하지 못하는 상태를 시적인 가사로 표현하고 있다.

우리는 자신이 어떤 사람인지 이해하고 싶은 욕구를 품고 있다. 자신을 설명할 수 있는 말을 찾고, 그 말에 매혹되기도 한다. 이런 맥락에서 최근 성격 유형 검사 중 하나인 MBTI가 큰 인기를 끈 것도 설명할 수 있지 않을까 싶다. MBTI 검사의 경우 16가지 유형으로 성격을 단순화한다는 단점도 있다. 그런데 자세히 보면 같은 유형의 결과이더라도 각 특성의 높고 낮은 정도는 다르게 나온다. 분류된 유형이 똑같아도 개인에 따라 차이가 크게 나타날 수 있다.

이렇듯 심리학에서 한 사람의 성격을 이야기할 때는 단일한 항목이 아닌 다양한 특성의 조합으로 설명한다. 편의상 어떤 분류나 항목을 대표적으로 표현하기도 하지만, 한 사람은 여러 기질과 성향이 섞여 있는 양상으로 이해할 수 있다. 일상에서 자신을 돌아보더라도 다양한 모습을 발견할 수 있다. 직장에서의 모습과 집에서 가족과 편하게 있을 때의 모습은 같지 않다. 회사에서 권위 있는 팀장이 집에서 어린 자녀에게도 같은 태도를 보인다면 자녀와 친밀한 애착을 형성하는 데 방해된다.

시간과 경험에 따라 변화를 겪는 것도 자연스럽다. 20대 초반의 나와 40대가 된 지금의 내가 같을 수는 없다. 일관되게 유지되는 특성들도 있지만, 많은 경우 어린 시절의 모습을 토대로 새롭게 성장했거나 이전에는 없었던 새로운 부분들이 생겨난다. 어릴 때는 혼자 있기를 좋아했는데 나이 들면서 누군가와 함께하고 이야기 나누는 것을 즐긴다. 반대로 어릴 때는 외향적이고 떠들썩하게 노는 것을 좋아했다가 점차 조용히 혼자 차 마시는 시간이 마냥 행복할 수 있다.

어린싹이 꽃이 되기 위하여

 많은 심리치료 이론에서 마음의 여러 부분을 설명하고 있다. 임상심리학자 제프리 영이 개발한 심리 도식 치료에서는 상황에 따라 심리 내부에서 작동하는 '양식'이라는 개념으로 내면의 여러 부분을 설명한다. 이 양식은 아동 양식, 역기능적 대처 양식, 역기능적 부모 양식, 건강한 성인 양식으로 나뉜다.

 내면 가족체계 치료에서는 내면의 부분들을 의인화해서 구체적으로 표현한다. 상처를 가진 '추방자'가 있고, 이런 상처를 보호하기 위해 애쓰는 '보호자'가 있다. 그리고 지혜와 힘을 가진 '참자아'의 부분도 있다. 추방자는 상처받은 아이의 부분과, 보호자는 역기능적 대처 양식과 비슷해 보인다. 아동 양식 중 성난 아동 양식이 우세할 때는 욕구가 좌절되는 상황에서 쉽게 욱하고 분노를 표출한다. 역기능적 대처 양식 중 분리된 보호자 양식이 나타날 때는 사람들과 멀찍이 거리를 두고 상처받는 것으로부터 자신을 보호하려는 반응을 보인다.

 역기능적 부모 양식에는 요구적인 부모 양식이 있어, 자신과 타인에게 높은 기준을 적용하고 완벽해지려고 애쓰는 행동을 보인다. 이런 양식들은 한 사람의 마음속에 번갈아 나타나면서 때로는 화를 냈다가, 다른 때는 사람들과 일로부터 멀리 떨어져 혼자 고립되는 모습을 보였다가, 어떤 때는 지나치게 애쓰고 무리하는 모습을 보이기도 한다.

각기 다른 양식이 서로 부딪치기도 한다. 취약한 아이 부분이 두려워하고 불안해하는 감정을 경험하면 처벌적인 부모 양식이 "왜 그렇게 약하냐?" 하며 비난할 수 있다. 자신에게 하는 자기 대화를 잘 살펴보면 이렇게 내적인 부분 사이에 일어나는 현상일 때가 많다. "너무 약해빠졌어", "더 강해져야만 해" 등은 처벌적인 부모 양식이 내면에서 다른 부분에 하는 말이다. 이렇게 한 부분이 다른 부분을 공격할 때 내면은 더 상처받고 부정적인 감정이 깊어진다.

각각의 양식은 서로 다른 방식으로 나타나지만, 결국 공통으로 자기를 표현하고 자신을 보호하는 목적으로 작동한다. 건강한 성인 양식 혹은 참자아의 부분이 잘 발달해서 아이 부분이나 대처 부분이 가진 반응을 적절히 사용하도록, 그리고 각각의 부분이 협력하도록 아우른다면 효과적으로 기능할 수 있다. 반대로 마음의 여러 부분이 제각각 작동해서 상황에 맞지 않게 과도한 반응을 보인다거나 다른 부분을 억누르거나 무시한다면 격정적인 감정에 휩싸이고 내적인 갈등을 겪는다. 오늘 야근하면서 일을 마무리할지 집에 가서 드라마를 보며 쉴지, 힘들어도 혼자 일을 마무리할지 동료에게 도움을 청할지 많은 선택의 순간에 다른 마음들이 일어난다.

완전히 반대되는 마음이 동시에 존재하는 것을 느낄 때도 많다.

배우자가 밉기도 하면서 안쓰럽고, 좋기도 하면서 싫은 마음이 들 때가 있다. 애증이라는 표현처럼 양가감정을 경험한다. 갈등이나 양가감정은 누구나 경험하는 자연스러운 감정 경험이다. 상반되는 마음이 동시에 존재할 수 있음을 기꺼이 받아들이고 알아차릴 때 오히려 방황이 잦아들고 어떻게 행동할지 선택할 수 있다.

양쪽의 마음을 수용하지 못하고 내적인 갈등에 지나친 에너지를 소모한다면 상황에 대처하는 데 효과적이지 않을 뿐만 아니라 상당한 심적 고통을 겪을 수도 있다. 사랑하는 가족에게 미움이나 서운함을 느끼는 것은 바람직하지 않기 때문에 부정적인 감정을 강하게 억압할 수 있다. 무조건 참고 잘 해줘야 한다는 생각으로 자신의 감정을 부정하며 희생한다고 해결되는 일은 없다. 억누른 감정은 엉뚱한 방향으로 터지기도 한다. 건강한 마음은 결국 내 안에 존재하는 여러 가지 감정과 마음, 정체성을 잘 인식하고 통합된 상태라고 볼 수 있다.

남들에게 강하게 보여야 해요

경찰관은 주로 문제를 해결하는 강인하고 믿음직한 존재라는 정체성을 지닌다. 그런데 이런 직업적 정체성이 개인의 자아 전체를 지나치게 차지한다면 어려움을 겪을 수 있다. 긴장하고 불안해하는 모습을 보이고 싶지 않아 권위적이고 강압적인 갑옷으로 무장하기도 한다.

　사실 취약한 부분은 우리를 인간답게 하며, 타인을 공감하도록 돕고, 필요할 때는 주변에 도움을 요청하고, 연결될 수 있도록 한다. 여린 부분 하나 없이 항상 강하고 완벽해 보이는 사람을 떠올리면 다가가기 어려워진다. 지나치게 괜찮은 척하려다 보면 외로워지기 쉽다. 취약한 감정을 인정하지 않고 억누르기만 한다면, 그 감정은 제대로 소화되지 못한 채 어딘가에 쌓이다가 엉뚱한 방향으로 터질 수 있다. 밖에서는 인내하고 참아주는 모습만 보이다가 속에 쌓인 화가 엉뚱하게 배우자나 자녀에게 터지기도 한다.

　무조건 참고 쌓아 두면 화병을 겪을 수 있다. 미국신경정신의학회의 정신질환에 대한 진단 기준에 hwa-byung이라는 한국식 표기로 등재되기도 한 '화병'은 현재 정식 질병명으로 인정되고 있지는 않지만, 우리나라 문화에서 특수하게 나타나는 정서장애 양상으로 주목받고 고려된 바 있다.

　화병은 영어로는 분노증후군으로 번역되며, 분노를 억제함으로써 발생한다. 불면, 피로, 공황, 임박한 죽음에 대한 두려움, 우울한 정동, 소화불량, 식욕부진, 호흡곤란, 심장이 비정상으로 빨리 뛰는 빈맥, 전신 동통 및 상복부에 덩어리가 있는 듯한 느낌 등의 증상을 보인다. 즉 분노를 억누르다 보면 감정적인 고통과 함께 신체적인 통증이나 답답함, 불편감으로 고생할 수 있다. 불면증, 우울증, 불안장애, 신체화 장애 등 다양한 정신장애에 해당하는 양상들이다.

여전히 내 안에 박힌 못

트라우마를 떠올리면 공포, 분노, 슬픔 등 힘든 감정이 올라온다. 이 때문에 트라우마는 적극적으로 마음속에서 분리되어 있을 때가 많다. 심할 때는 해리라는 방어기제가 작동해서 다중인격이라고 불리는 해리성 정체감 장애로 발현될 수도 있다. 한 사람에게 여러 인격이 있는 것처럼 그때그때 다른 부분들이 전환되면서 나타나고, 그 부분들은 서로를 기억하지 못하는 모습을 보인다.

그 정도로 심한 해리는 일반적으로 잘 나타나지는 않는다. 그러나 심한 충격이 있었던 일이 멍하게 느껴지거나 남 일처럼 멀게 여겨지는 정도의 내적 분리는 꽤 자주 일어나는 현상이다. 해리 방어는 극심한 충격을 막기 위해 셔터를 내리듯이 마음의 일부를 충격적인 상황으로부터 닫아버리는 현상이라고 볼 수 있다. 충격의 순간에 차단하려는 방어기제는 자기를 보호하는 데 필요한 반응이다. 그런데 시간이 지나도 이런 차단이 풀리지 않는다면 깜빡깜빡 잊는 일이 잦아지거나 지나치게 무감각해져 다른 사람과 소통하기가 어려워질 수 있다.

힘든 그 순간에는 차단과 분리가 필요하지만, 시간이 지나고 안전한 상황에서는 전체적인 상황을 살피고 도움이 되는 정보를 더 받아들이고 타인과 연결되는 것이 심리적인 안정에 훨씬 이롭다. 여전히 얼어붙어 있는 트라우마가 이제 위험한 상황은 지나갔다는 사실, 그래도 내가 건강하고 단단하다는 사실을 알아차리도록 돕는 과정이 치유의 길이다.

트라우마 치료에서는 상처를 간직한 부분을 인식하고 트라우마의 경험을 소화할 수 있도록 돕는다. 과거에는 위험하거나 힘들었지만 더는 그렇지 않다는 사실을 알아차리도록 돕는다. 그리고 트라우마와 그 모든 상처에도 불구하고 현재 잘 기능하는 마음이 있음을 깨닫는다.

상처 입은 마음을 계속 모른 체하거나 억지로 눌러 두는 것은 도움이 되지 않는다. 한 조직에서 구성원 한 사람 한 사람이 각각의 역할을 맡는 것과 비슷하다. 청소하는 사람, 기계를 관리하는 사람, 마케팅 업무를 보는 사람, 제품을 개발하는 사람마다 맡은 역할은 달라도 결국 그 조직을 잘 돌아가게 하는 것이 궁극적인 공통의 목표다. 마음의 여러 부분도 결국은 나라는 사람이 잘 기능하고 적응한다는 공통된 목표를 가지고 있다. 그렇기에 한 부분도 소외되거나 배제되는 일 없이 전체적으로 힘을 합친다면 가장 바람직한 방향으로 나아갈 수 있다.

이 방향으로 나아가기 위한 전제는 마음의 여러 부분을 알아차리는 것이다. 평가나 판단 없이 일어나는 모든 감정과 생각, 마음의 경험들을 관찰한다. 따뜻하게 관찰해보면 내 마음의 다양한 부분을 알아차릴 수 있다. 가족을 너무나 사랑하다 보니 잃지 않을까 두렵기도 하고, 기대가 많다 보니 항상 부족하다고 느낄 수 있다. 부정적인 마음이 드는 자체가 문제가 아니라 그 마음을 인식하지 못한 채 부정적인 행동으로 이어가는 것이 문제다. 제대로 알아차린다면 어떻게 행동할지 선택할 여지가 생긴다.

내 안의 나를 기꺼이 품어야

이전에는 사람들 대부분이 '자아'란 영속적인 속성을 가진 고정된 단일체라고 여겼다. '나는 누구인가?'라는 자아정체성을 정의할 때 하나의 어떤 것으로 정의하려는 경향이 있었다. 그런데 신경과학이 발달하면서 자아란 고정불변하는 단일한 것이 아니라 시간과 맥락에 따라 다양한 면모를 가지고 변화하는 전체적인 것으로 밝혀졌다.

좌뇌와 우뇌 실험을 대표적인 예시로 들 수 있다. 뇌질환 때문에 좌뇌와 우뇌를 연결하는 뇌량을 절제한 환자의 사례다. 이 환사는 좌측 시야에 보이는 물건의 이름을 댈 수 없었는데, 이는 좌측 시야는 우뇌와만 연결되는데 우뇌가 아닌 좌뇌가 주로 언어를 담당하기 때문이다. 그러나 방금 본 물건을 골라보라는 지시에는 정확한 답을 고를 수 있었다. 우뇌에서 시지각적인 처리는 가능했기 때문이다.

의식은 일관적이라고 생각하지만 그것은 착각일 수 있으며, 이렇듯 뇌의 각 부분의 협조 없이는 의도를 가지고 행동하기가 어렵기도 하다. 뇌의 작용만으로 인격이나 정체성을 모두 환원하는 것은 아직 불가능하며 바람직하지도 않다. 그러나 마음이 여러 부분으로 이루어질 가능성은 충분하다.

철학자 줄리언 바지니는 '진주이론'과 '묶음이론'이라는 대비로 이를 설명했다. 이 이론에 따르면 자아란 고정불변하는 진주와 같은 것이 아니라 역동적이고 변화무쌍한 여러 양상의 다발이다. 그렇기에 "우리에게 영구불변의 핵심이 없다면 정체성은 주어진 것이 아니게 된다. 대신 정체성 중 일부는 자기 자신의 행동과 선택을 통해 만들어질 수 있다"라고 말한다.

자기 자신의 다양한 모습과 여러 부분을 인정하고 수용할 때 더 나은 선택과 대처를 할 힘이 생긴다. 그 힘을 바탕으로 경직된 모습의 내가 아니라 유연하고 성장하는 나를 만들어 갈 수 있다.

트라우마 치유의 시작

내 마음과 마주하는 공간

 트라우마로부터 회복하고 치유하려면 각각의 상황과 개인에 따라 여러 요소가 필요하며 다양한 방법이 적용된다. 그중 특정한 방식으로 주의를 기울이는 마음챙김은 비판단적으로 현재 순간에 주의를 기울임으로써 지금 여기에서의 경험을 명확하게 자각하고 받아들이는 것으로, 트라우마 치료에 중요한 요소로 활용된다.

 마음챙김은 불교의 명상 전통에서 비롯한 개념이다. 모든 종교는 명상의 전통을 가지고 있다. 기독교에서는 묵상이라는 형태의 명상이 있으며, 전통적으로 마음을 돌보는 방식으로 명상을 활용해왔다. 마음챙김은 불교에 뿌리를 두고 있지만, 현재는 종교적인 방식이 아니라 정신의학과 심리학의 관점에서 스트레스를 관리하고 마음을 돌보는 방식으로 적용되고 있다.

여러 연구에서 마음챙김 기술과 능력이 정신건강과 밀접하게 관련 있다는 것을 밝혀냈다. 우울, 불안, 트라우마 증상 등 다양한 심리적 문제의 치유에도 효과적이라는 많은 결과가 나와 있다. 심리치료와 상담 분야에서는 마음챙김을 중심에 두거나 접목해서 치료적 효과를 높이고 있다.

마음챙김의 정의를 자세히 알아보자. 사실 마음챙김은 머리로 이해하는 개념이라기보다는 실제로 연습하고 경험하면서 체화해야 하는 실천 능력에 가깝다.

첫 번째, 주의를 기울인다는 것은 어떤 한 곳이나 일에 관심을 집중해서 기울이는 것을 말한다. 마음챙김에서는 현재 경험에 주의를 기울이고 지속하는 힘을 키우고자 한다.

여러 자극으로 쉽게 주의를 빼앗길 수 있다. 일상 업무를 하다가 주변 일에 주의를 빼앗기는 경우를 흔하게 경험한다. 서류 작업을 하려고 컴퓨터 앞에 앉은 상황을 떠올려보자. 일을 시작하려고 할 때, 휴대전화에서 SNS 알림이 울려 한참 들여다본다. 그러다가 어느새 건너편 자리에 있는 민원인의 말을 듣고 있다. 다시 모니터로 돌아왔지만 새로운 기사를 보느라 시간을 보낸다. 외부 자극뿐 아니라 내적인 자극들, 즉 생각이나 감정으로 주의가 돌아가기도 한다. 일하려고 자리에 앉았지만 '뭔가 빠뜨린 게 아닌가?' 하는 불안한 생각을 따라가느라 정작 일에는 집중하지 못한다. 특히 부정적인 생각에 마음을 빼앗기면 할 일을 제대로 하기 어렵고 힘든 감정 상태에 빠지기 쉽다.

이렇게 주의와 마음을 빼앗기는 상태를 방지하고, 주의를 기울이고자 하는 대상에 제대로 주의를 기울이는 것을 '마음챙김'이라고 한다.

두 번째, 비판단적이라는 것은 말 그대로 판단이나 평가를 멈추는 것을 말한다. 우리는 끊임없이 평가하고 판단하는 데 익숙하다. '이 상황이 좋은가 나쁜가?', '상대방은 어떤 의도로 이렇게 했을까?' 매 순간 상황을 판단하고 해석하려고 한다. 운전하다가 옆 차선 차가 급하게 끼어드는 상황을 떠올려보자. 순간 깜짝 놀라 속도를 줄인 후 여러 생각이 이어진다. '사고 내려고 작정했나?', '내가 만만하게 보였나?', '빨리 끼어들어 의기양양할까?' 이런 생각을 한다면 화가 나고 감정이 격해질 수 있다.

비판단적으로 현재 순간에 주의를 기울인다는 것은 그 순간 그런 해석을 멈추는 것이다. 이때 마음챙김을 한다면, 깜짝 놀라 가슴이 뛰고 있다는 것을 알아차리고 심호흡을 한다. '내가 만만한가, 라고 생각하고 있구나'라며 그런 자신을 들여다본다. 잠시 멈춰 생각을 알아차려 보면, 사실 끼어든 차의 운전자는 나를 알지도 못하기 때문에 나를 어떻게 생각하리라는 해석 자체가 과하다는 것을 알 수 있다.

세 번째, 지금 여기에서의 경험을 자각하는 것이 어떤 의미인지 살펴보자. 경험을 자각한다는 것은 말 그대로 경험하는 사람이 동시에 그 경험을 관찰한다는 의미다. 사소한 일에 크게 화를 냈던 경험을 떠올려보자. 시간이 조금 지나면 왜 그렇게까지 화를 냈는지 스스로 무안해진다. 화가 날 때는 자신의 경험을 관찰하고 알아차리기 어려웠다. 화가 난 그 순간의 경험을 마음챙김하면 야근 후 피곤한 상태라서 평소라면 지나갈 일에 예민하게 반응하는 자신을 관찰할 수 있다. 자신의 반응을 알아차릴 수 있다면 그 순간 큰 소리로 화를 내는 것이 아니라 방에 들어가서 쉬는 것을 선택할 것이다.

현재 이 순간을 살기

마음챙김의 반대는 마음을 챙기지 못하고 잃어버리는 것, 감정이나 생각의 늪에 빠지는 것이라고 할 수 있다. 지금 이 자리에 마음이 있지 못하고, 과거나 미래의 다른 곳에서 마음이 방황하는 상태다.

종일 일한 뒤 퇴근해서 가족과 식사 자리에 앉았을 때, 떠올리고 싶지 않은데 여전히 일에 대한 생각으로 자꾸만 마음이 가는 것을 경험했을 것이다. 여전히 마음은 쉬지 못하고 몸도 충분히 휴식하기 어렵다. 원하는 쪽으로 주의를 가져오지 못하고 빼앗긴다. 몸은 퇴근해 집에서 가족과 함께 있지만, 마음은 아직도 업무에서 돌아오지 못한다.

마음챙김을 한다는 것은 마음을 현재로 가져오는 것이다. 지금 여기에 있지 못하고 그때 거기에 머물러 있는 마음을 알아차리고 다시 현재로 돌아오도록 한다. 지금 이 순간 가족과 식사 자리로 주의를 가져오는 것이다. 맛있는 음식을 음미하고, 가족과의 대화에 집중하며, 편안한 분위기 속에서 이완되는 몸과 마음에 머무르는 것이다. 그럴 때 제대로 휴식하고 충전할 수 있다.

마음은 과거에 머물기도 하지만, 아직 일어나지 않은 미래에 먼저 가 있곤 한다. '내일 그 일을 잘 처리할 수 있을까?' 할 일을 미리 걱정하느라 밤에 잠을 설치기도 한다. 지금 숙면하고 충전해야 내일 일을 더 잘할 수 있을 텐데, 잘하려는 마음이 만들어내는 걱정 때문에 거꾸로 일에 제대로 집중하기 어렵다.

이때 마음챙김으로 '내일 일을 걱정하고 있구나'라고 걱정하는 마음을 부드럽게 알아차린다. 그리고 주의를 현재 경험으로 가져온다. 부드러운 침구, 누워 있는 자세, 등이 침대에 닿는 감각, 깊은 호흡 등에 주의를 기울이면서 생각으로 휩쓸려 가는 것을 멈추고 지금 이 순간의 쉼에 머무른다.

생각은 그 무엇보다 빠르게 흘러간다. 그리고 부정적인 생각은 주의를 쉽게 끌어당긴다. 그래서 생각의 늪에 빠지기 쉽다. 아침에 일어나 몸이 찌뿌듯할 때, 몸이 어디 안 좋은가 싶다. 보통 생각은 거기서 멈추지 않는다.

'몸이 안 좋으면 쌓여 있는 일은 어떻게 하지? 병가를 낼 수 있으면 좋을 텐데, 그러면 동료들이 나를 욕하지 않을까? 하루 쉬는 것도 마음대로 하지 못하다니 괴롭다. 요즘 계속 몸이 무거운데 혹시 큰병은 아닐까? 도대체 잘 되는 일이라곤 없고 몸까지 안 좋다니 엉망이야. 내 뜻대로 되는 게 없는 걸 보니 역시 내가 할 수 있는 게 아무것도 없는 것 같다.'

생각이 이렇게 꼬리에 꼬리를 물고 이어지면 결국 좌절감, 무력감, 우울감 등 부정적인 감정이 이어진다. 되는 일이 하나도 없거나 할 수 있는 게 아무것도 없다는 등 객관적인 사실이 아닌 마음이 만들어낸 생각 속에 갇힌다.

몸이 안 좋을 때 그 순간 생각의 늪에 빠지지 않고 현재의 경험을 알아차린다면 어떨까? 몸이 찌뿌듯한데 열감과 근육통이 있다면 감기약을 먹고 쉬어야 한다. 며칠 제대로 자지 못했는데 일어나기가 힘들다면 잠을 보충할 필요가 있다. 꼬리를 물면서 부정적인 방향으로 달려가는 생각을 잠시 멈추고 이 순간 나의 경험을 바라보고 알아차리면 내게 필요한 것을 선택할 수 있다.

몸과 마음은 위험한 상황에서는 생존에 유리한 방식으로 자연스럽게 반응한다. 특정한 상황에서 특정한 반응이 반복되면 그 반응 양상이 패턴화되기도 한다. 교통사고를 경험한 후에 자동차를 타면 가슴이 두근거리고 긴장이 올라가는 반응이 일어날 수 있다.

자동차에 탑승한 것이 사고 상황과 연결되면서 뇌는 중립적인 상황을 위험하다고 빠르게 판단한다. 위험한 상황에서 피하거나 싸우는 행동을 빨리 취할 수 있도록 몸의 긴장 반응이 일어난다. 그런데 차를 타고 가족 여행을 가는 것과 같이 안전한 상황에서도 자신을 보호하려는 빠른 판단과 반응이 일어난다면 일상을 유지하는 데 어려움을 겪는다.

또 다른 예로, 도움을 주려고 만난 민원인으로부터 오히려 원망이나 폭언을 듣는 경험이 반복되는 것을 생각해보자. 일상에서 호의적인 사람을 만났는데도 믿기가 어렵고 방어적인 태도를 보일 수 있다. 어느 정도의 조심성은 도움이 되겠지만, 정작 도움이 될 만한 사람과 연결되는 것에 방해가 되고 대인관계가 축소되는 결과를 가져올 수도 있다.

보통 몸과 마음은 위험이나 부정적인 것에 더 빨리 주의가 가고, 보호하기 위해 본능적으로 반응한다. 몹시 긴박한 상황에서는 이런 빠른 판단과 본능적인 자기 보호 반응이 생존에 매우 유리하다. 그러나 일상적인 스트레스 상황에서는 제한된 판단과 격한 감정, 신체적 긴장 때문에 적절한 대처에 방해받을 수 있다. 따라서 잠시 멈춰 현재의 경험을 알아차리고, 정말 위험한 상황인지 아니면 과거의 경험이 덧씌워진 판단인지 구분해서 알아차리는 것이 중요하다.

실제로 상황이 부정적이더라도 부정적인 부분에만 주의가 꽂혀 시야가 좁아진다면 여러 가지 대처 방안을 생각하기가 어려워질 수 있다. 문이 잠겨 있다면, 잠긴 문에만 주의를 기울일 것이 아니라 열린 창문으로 주의를 돌리는 것이 도움된다.

내게는 선택할 힘이 있다

트라우마 사건 후 경험하는 어려움은 그 당시의 생존 반응이 해소되지 못한 채 본능적으로 반복되는 것일 수 있다. 빠르게 위험을 판단하고 생존 모드로 긴장하는 것은 위험한 상황에는 필요하지만, 일상으로 돌아왔을 때는 과도한 경계와 긴장이 몸과 마음을 지치고 힘들게 한다.

이때 마음챙김을 한다는 것은 과거 트라우마 상황은 지나갔고, 지금 여기에서는 안전하다는 감각에 주의를 기울여 알아차리는 것이다. 그렇게 함으로써 지나친 경계와 각성을 안정시키고 편안하고 이완된 상태로 돌아올 수 있다. 그리고 트라우마가 만들어낸 빠른 판단과 해석, 생각을 알아차리는 것이다. '나는 무력하다', '나는 무가치하다'와 같은 힘든 상황 때문에 일어난 생각들을 구분해서 관찰하고, 그것이 사실이 아닌 생각일 뿐임을 알아차리는 것이다. 그렇게 할 때 그 생각으로부터 빠져나올 틈이 생긴다.

트라우마와 관련된 공포, 두려움, 분노, 수치심 등 모든 감정도

판단을 멈추고 알아차린다. 모든 감정은 일어날 만한 맥락이 있어서 일어난 것들이다. '나는 강인해야 하므로 두려움을 느끼면 안 된다'라는 판단으로 감정을 억누르다 보면 오히려 자연스럽게 감정이 흘러가고 해소되는 것을 방해할 수 있다. 감정을 있는 그대로 부드럽게 알아차릴 때 그 감정을 돌보고 흘러가게 하는 등 적절하게 대처할 수 있다.

여러 자극에 주의를 빼앗기고 본능적으로 반응하는 것이 아니라 잠시 멈추고 그 순간의 경험을 알아차리는 것이 마음챙김이다. 현재 경험에 마음챙김할 수 있다면 어떻게 반응할지 선택할 마음의 공간을 만들 수 있다. 유대인 수용소에서 살아남은 생존자인 빅터 프랭클은 수용소에서의 경험을 바탕으로 의미치료를 창시한 정신과 의사다. 그는 《죽음의 수용소에서》(청아출판사, 2020)라는 책에서 이렇게 말했다.

"자극과 반응 사이에 공간이 있다. 그 공간에는 우리의 반응을 선택할 수 있는 자유와 힘이 있다. 그리고 우리의 반응에 우리의 성장과 행복이 달려 있다."

마음챙김으로 나와 마주하기

마음챙김을 찾는 사람들

마음챙김은 심리치료 분야에서 MBSR(마음챙김에 근거한 스트레스 완화), MBCT(마음챙김에 근거한 인지 치료), DBT(변증법적 행동 치료), ACT(수용 전념 치료) 등 다양한 심리치료 기법과 프로그램으로 발전해왔다.

이런 마음챙김을 활용한 심리치료는 우울, 불안, 불면 등에 효과가 있는 것으로 입증되어 널리 활용되고 있다. 마음챙김 기술은 자율신경 불균형, 두통, 만성 통증 등 신체적 문제를 완화하며, 실제로 암과 같은 신체질환 때문에 겪는 통증이나 불안을 조절하는 데에도 도움을 준다. 일상에서는 행복이나 공감 등 긍정적인 감정을 강화하며, 스트레스를 줄이고, 스트레스를 견디는 능력인 회복 탄력성을 증진하며, 주의집중력을 높일 수 있다. 집중력과 창의력이 필요한 구글·페이스북·애플 등 IT 기업에서는 직원들을 위한 마음챙김 과정을 운영하고 있으며, 하버드·예일·스탠퍼드·옥스퍼드 등 대학교에서는 마음챙김 프로그램과 강의를 개설하고, 관련된 연구를 이어가고 있다.

꾸준히 마음챙김을 훈련하고 연습해서 마음챙김 태도를 체화하는 것은 일상의 스트레스와 고통을 다루고 회복하는 힘을 키워준다. 바쁘게 살아가느라 놓치고 있던 크고 작은 경험을 알아차리는 능력이 강화되면서 순간의 좋은 감정과 느낌을 음미하고 확장해 나갈 수도 있다. 마음챙김이란 '판단하지 않고 의도적으로 현재의 순간에 주의를 기울이는 것'을 말한다. 습관적인 판단과 평가를 잠시 내려놓고, 있는 그대로 경험을 알아차린다면 불필요한 걱정이나 과도한 감정의 격랑에 빠지지 않을 수 있다.

누구나 지나친 걱정이 도움이 되지 않는다는 것을 잘 알고 있다. 그래서 '걱정하지 말자, 잘 될 거야' 같은 생각으로 걱정을 잠재우려 한다. 그런데 보통 잘되지 않는다. 걱정하지 않으려고 억누를수록 오히려 불쑥 떠오르곤 한다. 걱정하지 않으려고 시도하는 그 순간 역설적으로 걱정에 주의를 기울인다. 그럴 때 마음챙김으로 생각을 잠시 멈추고 '지금 이런 걱정을 하고 있구나' 관찰된다. 걱정은 그저 생각일 뿐임을 알아차리고, 지금 할 수 있는 것으로 주의를 가져올 수 있다.

트라우마 기억의 경우 힘든 기억을 덮으려고 해도 때때로 떠올라 불편감을 경험할 수 있다. 불편감이 압도적일 때는 긍정적인 자극으로 주의를 돌리는 것도 필요하다. 그러나 근본적으로는 기억이 떠오를 때의 이미지, 생각, 감정, 감각, 느낌을 있는 그대로 알아차리고 소화해야 한다. 이 과정은 상담자와 함께 하는 것이 좋다.

이렇게 기억을 소화할 때 마음챙김을 하는 것이 매우 중요하다. 기억을 구성하는 경험의 요소들을 있는 그대로 바라보고 통합하며, 그것은 거스를 수 없는, 이미 지나간 일이라는 것을 알아차리고, 지금 이 순간으로 돌아온다. 큰 수술을 앞두고 영양분을 잘 섭취하고 무리하지 않는 선에서 운동하는 것이 도움이 되는 것처럼 마음챙김을 연습하는 것은 힘든 기억을 정리하고 소화하는 데 좋은 준비가 된다.

호흡과 몸으로 마음챙기기

구체적으로 연습할 수 있는 마음챙김 방법들을 알아보자. 다음에 소개하는 단계별로 해보는 것이 일반적이다. 하지만 꼭 단계를 밟아야 하거나 정해진 순서가 있는 것은 아니다. 다음 방법 중 자신에게 맞는 것을 바로 적용해도 좋다.

먼저 시작해볼 방법은 호흡 마음챙김이다. 지금 사무실에 앉아 있으면서도 한 달 전 휴가 때 갔던 바닷가를 떠올릴 수 있다. 혹은 내일 예정된 회의에 참석하느라 회의실에 있는 모습을 떠올릴 수도 있다. 과거나 미래, 즉 지금 여기가 아닌 다른 곳에 대한 생각에 빠질 수 있다. 생각은 매우 빠르게 연결되기 때문에 하나하나 주의를 기울이기 쉽지 않다. 반면에 호흡은 지금 여기에서만 일어난다. 어제 미리 호흡을 백 번씩 해두었다고 지금 호흡을 하지 않아도 되는 것이 아니다. 앞으로 호흡할 것을 당겨 할 수도 없다. 즉 호흡은 지금 이 순간 일어나는 현재의 경험이다.

호흡을 알아차리고 마음챙김을 함으로써 현재 이 순간으로 돌아올 수 있다. 마음이 생각과 감정에 휘말려 여기저기 떠돌 때, 배가 닻을 내리고 중심을 잡듯 호흡을 닻으로 삼아 지금 여기로 돌아올 수 있다.

① 잠시 바닥이나 의자에 앉아 자세를 정돈해본다. 편안하면서도 바른 자세로 앉는다. 눈을 감는 것이 괜찮다면 눈을 감고, 눈을 감기가 불편하다면 시선을 바닥에 둔다.
② 편안하게 코로 천천히 호흡하면서 호흡의 감각에 주의를 기울여본다. 숨을 들이쉬고 내쉴 때 일어나는 감각을 있는 그대로 알아차린다. 숨을 들이쉴 때는 코가 시원해지는 느낌, 내쉴 때는 조금 더워지는 느낌을 관찰한다. 잠시 호흡하면서 코에서 느

껴지는 호흡 감각에 주의를 기울인다.

③ 숨을 들이쉴 때 복부나 상체가 부풀어 오르고, 반대로 내쉴 때 복부나 상체가 내려가는 감각을 알아차린다. 들숨과 날숨마다 배나 상체가 오르락내리락하는 감각을 관찰한다.

④ 호흡을 통제하려 하지 말고, 편안하게 조금 천천히 몸이 알아서 호흡하도록 허용한다.

⑤ 다른 생각이나 감정이 떠올라도 괜찮다. '이런 생각이 드는구나', '이런 감정이 일어나는구나' 부드럽게 알아차리고 다시 코나 복부의 호흡 감각으로 돌아온다.

몸의 감각에 주의를 기울이는 방법도 좋다. 긴장이나 불안 때문에 좌불안석일 때 바닥과 닿아 있는 감각에 주의를 기울이는 그라운딩 방법이 안정감을 찾는 데 도움이 될 수 있다. 과거의 트라우마 기억이 떠오르면서 그 당시의 느낌과 감정이 생생하게 일어나는 상황에서 활용할 수도 있다. 과거의 일은 이제 지나갔고, 현재 이 순간 안전한 상태에 있음을 알아차리도록 돕는다.

① 자세를 정돈하고 의자에 앉는다.

② 의자 등받이에 등이 닿는 감각에 주의를 기울여 관찰한다. 등의 어느 정도 범위가 닿는지, 등받이는 딱딱한지 푹신한지, 부드러운지 거친지, 따뜻한지 차가운지, 등에서 느껴지는 감각

을 있는 그대로 알아차린다.

③ 의자의 앉는 부분에 닿아 있는 감각을 의식한다. 엉덩이와 허벅지 뒷부분의 얼마만큼이 닿아 있는지, 의자의 앉는 부분은 딱딱한지 푹신한지, 부드러운지 거친지, 따뜻한지 차가운지, 앉아 있는 엉덩이와 허벅지에서 느껴지는 감각을 있는 그대로 관찰한다.

④ 발바닥이 바닥에 닿아 있는 감각에 주의를 기울여본다. 발뒤꿈치, 발 중간 부분, 발 앞쪽, 발가락까지 바닥에 닿아 있는 감각을 알아차린다. 발바닥 아치 부분의 공간, 발가락 사이사이의 공간의 느낌도 관찰한다.

⑤ 의자가 몸을 받쳐주는 감각을 알아차린다. 몸을 의자에 맡기고 있는 느낌도 관찰해본다. 바닥에 몸이 잘 안착하고 있는 감각을 느껴본다.

시각, 청각, 촉각, 후각, 미각 중 한 가지 감각에 주의를 기울여 마음챙김하는 방법도 있다. 멀리에서 들리는 차 소리, 방 안의 냉장고 돌아가는 소리 등 소리를 있는 그대로 관찰한다. 꽃이나 하늘 등 대상을 처음 보는 것처럼 시각적으로 관찰하기, 향이나 맛을 있는 그대로 알아차리기, 촉감 알아차리기 등으로 마음챙김을 해볼 수 있다.

가만히 앉아 마음챙김을 하는 것이 어렵게 느껴진다면, 몸을 움직이면서 몸의 감각을 알아차릴 수 있다. 천천히 걸으면서 발바닥이 바닥에 닿았다가 떨어지는 느낌, 다리의 움직임, 허벅지나 종아리 근육의 감각, 걸을 때 상체의 움직임, 팔의 움직임과 느낌들에 주의를 기울여 관찰한다. 걸으면서 몸을 전체적으로 관찰하는 것이 어렵게 느껴진다면, 걸으면서 느껴지는 발바닥의 감각처럼 한 부분에만 주의를 기울이는 것도 좋다.

지금 나를 비우는 시간

호흡과 몸을 관찰하는 것부터 시작해서, 이제 생각과 감정의 마음챙김을 연습해볼 수 있다. 생각이나 감정을 마음챙김할 때는 이미지를 활용해 시각화해보는 것이 도움된다.

조용한 산속의 맑은 물이 흘러내리는 계곡을 떠올려본다. 시냇물은 계속 아래로 흘러가고 있다. 나뭇잎 하나가 물 위로 떨어진다. 지금 떠오른 생각을 그 나뭇잎 위에 올려놓는다. '내일 할 일을 걱정하고 있구나.' 나뭇잎 위에 그 생각을 올려두고 나뭇잎이 계곡 물에 떠내려가는 것을 바라본다. 다른 나뭇잎이 물 위로 또 떨어지고, 다음으로 떠오른 생각을 그 나뭇잎 위에 올려놓는다. 그 생각이 또 나뭇잎과 함께 떠내려가는 것을 바라본다. 이렇게 이어지는 생각들을 나뭇잎 위에 올려놓고 흘러가도록 반복한다.

혹은 문이 양쪽에 달린 방에서 한쪽 문을 열고 생각 하나가 들어왔다가 반대쪽 문을 열고 나가는 것을 상상해본다. 기차나 배가 멈추었다가 생각을 싣고 떠나는 것, 컨베이어벨트에 생각을 올려 두고 벨트를 따라 지나가는 것을 떠올려볼 수 있다. 생각에 대해 나쁘다거나 좋다거나 하는 판단이나 평가를 잠시 멈춘다. 하늘에 구름이 떠가는 것을 바라보듯 생각을 자연현상처럼 관찰해본다. 감정도 마찬가지로 계곡물 위에서 떠내려가는 나뭇잎, 흘러가는 강물, 움직이는 컨베이어벨트, 기차나 배 등 이미지를 떠올려보면서 지나가는 것을 관찰해본다.

인터넷 사이트, 스마트폰 어플, 유튜브, 넷플릭스 등에 '마음챙김'으로 검색해보면 좋은 콘텐츠가 많다. 마음챙김을 혼자 시작하기가 어렵다면, 마음챙김 콘텐츠들을 활용해 시작해보는 것도 좋다.

상담실에서 만나는 경찰관 중 상당수가 바쁜 업무와 집안일로 시간을 내어 마음챙김을 연습하기가 쉽지 않다고 한다. 가능하면 5분이라도 시간을 정해 마음챙김을 훈련하는 것이 좋다. 컴퓨터 모니터나 냉장고 문에 '5분 마음챙김하기'라고 써 두고 떠오를 때마다 하거나, 아침에 일어난 후나 점심 후, 잠들기 전에 루틴으로 명상해본다.

일상 활동을 하면서 마음챙김을 할 수 있다. 설거지하면서 그릇의 촉감, 물의 온도, 주방세제의 향, 팔 근육의 움직임 등에 주의를 기울여 관찰한다. 이를 닦으면서, 샤워하면서, 청소하면서, 차를 마시면서, 화분에 물을 주면서 마음챙김을 할 수 있다. 이를 통해 정신없이 해치울 때는 몰랐던 여러 감각과 느낌을 발견할 수 있다.

마음챙김을 이해하고 연습할 때 《8주, 나를 비우는 시간》(불광출판사, 2013)이라는 책을 추천한다. 이 책에서는 전화를 걸고 상대방이 받길 기다리는 동안 마음챙김하는 사례를 들고 있다. 화장실까지 걸어가는 동안, 은행 창구에서 내 순서가 되길 기다리는 동안, 음식점 대기줄에 서서 기다리는 동안, 타려는 버스가 도착하기까지 기다리는 동안 마음챙김하길 권장한다. 조급한 마음 상태에서는 기다림이 부정적이고 짜증나는 경험일 수 있지만, 호흡이나 몸에 주의를 기울이며 마음챙김을 한다면 기다림의 시간이 마음챙김을 연습하는 좋은 기회가 될 수 있다.

마음챙김을 기반으로 스트레스 완화 프로그램을 개발한 명상 지도자 존 카밧진은 파도를 멈출 수는 없지만 파도 타는 법을 배울 수는 있다고 했다. 여러 생각과 감정, 스트레스나 삶의 고통을 없애는 것은 불가능하다. 그러나 생각과 감정, 스트레스와 삶의 고통을 다루는 방법을 배울 수는 있다.

최근 파도를 타는 스포츠인 서핑이 인기라고 한다. 초보자는 물이 아니라 땅에서부터 보드를 타는 자세를 연습하고, 물에 나가서도 처음에는 보드 위에 누워 타다가 서서히 일어나는 식으로 단계적으로 연습하는 것을 본 적 있다. 꾸준히 훈련하고 연습하다 보면 어느 순간 바다에 나가 파도를 멋지게 타는 자신과 마주한다. 마음챙김도 조금씩 꾸준히 익히다 보면 어느 순간 감정의 파도를 멋지게 타는 자신을 발견할 수 있다.

나는 혼자가
아니다

인간은 결코 혼자 살 수 없다

트라우마의 영향이 지속되는 원인 중 하나는 트라우마 사건이 일어나는 동안 혹은 사건 이후 실제로 주변에 사람이 없었거나 심리적으로 혼자였다는 것이다. 인간은 태어날 때부터 타인과 상호작용을 하면서 살아가도록 만들어진 존재다. 인간의 신경계는 사람마다 개별적으로 작동하지만, 동시에 타인과 상호 조절하도록 설계되어 있다.

아직 말 못하는 영아들도 주양육자와 눈맞춤을 하고 표정을 살펴 반응한다. 심리학에서 유명한 '무표정 실험'은 주양육자가 영아에게 얼마간의 시간 동안 무표정한 상태로 아무 반응을 하지 않을 때 영아들의 반응을 관찰한다. 영아들은 어리둥절해지고 당황하다가 결국 울음을 터뜨리는 등 불안정한 모습을 보인다. 아기들이 정서적으로 안정감을 느끼기 위해서는 타인의 존재 그리고 상호작용이 필요하다는 것을 잘 보여준다.

위험하고 충격적인 상황에서 인간은 더욱 안정적이고 믿을 만한 타인의 존재를 필요로 한다. 실질적인 도움을 받기 위해, 그리고 심리적인 안정감을 유지하기 위해 그렇다. 위험한 상황에서 나를 도와줄 누군가가 있다면 그 상황의 충격에서 벗어나기가 상대적으로 수월할 것이다. 트라우마 사건 이후에 나를 보듬어주는 사람이 있다면 공포와 수치심에서 벗어나는 시간이 조금 짧아질 수 있을 것이다. 인간은 누구도 홀로 생존할 수 없으며, 혼자서는 압도적인 경험을 처리할 수 없다.

트라우마가 관계에 미치는 영향

심리적으로 혼자라고 느끼는 상태로 트라우마를 경험했다면 대인관계에서 어려움을 겪을 수 있다. 홀로 세상과 동떨어진 느낌, 아무도 나를 이해하지 못할 거라는 고립감, 고통에 빠진 자신에 대한 수치심 등으로 타인에게서 멀어진다. 구체적으로 대인관계에서 다음과 같은 어려움을 경험할 수 있다.

트라우마 사건은 싸우거나 도망치거나 얼어붙는 반응을 하도록 몸과 마음의 상태를 바꿔 놓는다. 이는 장기적으로 과다 각성 상태로 이어지기도 한다. 과다 각성 상태에서는 주변 사람에게 예민하거나 날카롭게 반응할 수 있다. 주취자에게 갑작스럽게 뒤에서 공격당한 경찰관은 어린 자녀가 뒤에서 안기려고 달려왔을 때 평소와 달리 깜짝 놀라 튕겨 오르듯 반응할 수 있다.

과도하게 예민해지고 각성되어 있는 상태 뒤에는 무감각하고 내면의 불빛이 모두 꺼져 있는 듯한 과소 각성 상태가 있다. 피할 수 없는 트라우마를 장기적으로 겪으면 몸과 마음은 감정과 감각을 차단하는 방식으로 자신을 보호한다. 이렇게 차단된 상태에 있다면 가까운 사람과 공감하고 연결되어 있다고 느끼기 어렵다.

과다 각성과 과소 각성의 양극단을 오가며 스스로 감정을 조절하기 어렵다고 느낄 수 있다. 다른 때 같으면 넘어갈 만한 일에도 분노나 좌절감을 크게 느낄 수 있다. 근무 후 지친 상태로 집에 돌아와 정돈되지 않은 물건을 보는 것만으로 가족에게 크게 화를 내기도 한다. 민원인의 불만스러운 말투에 화를 참기 어려워 업무가 더 힘들게 느껴질 수 있다.

스스로 감정 조절이 어렵다고 느끼기 때문에, 그리고 트라우마 사건이 떠오르면 괴로워 여러 가지 상황, 사람, 생각 등을 멀리한다. 동료와 함께 근무하다가 트라우마를 겪은 경찰관 중에 퇴근 후에는 절대로 경찰관 동료를 마주치지 않으려고 애쓴다는 경우가 있었다. 피하는 상황이 늘어나고, 만나는 사람은 줄어들며 고립되기가 쉽다.

마지막으로, 세상과 사람에 대한 부정적인 신념이 생길 수 있다. 특히 사람으로부터 공격받았다면, '세상은 위험하고, 누구도 믿으면 안 된다' 라는 신념을 품을 수 있다. 자신의 가족, 연인, 동료 등 서로 믿고 의지해야 할 관계에서조차 거리를 둘 수 있다.

그 사람 곁에 있어줄 때

이런 어려움을 겪는 동료에게 어떻게 다가가야 할까? 각각 상황과 경험이 달라 딱 떨어지는 방법을 말하기는 어려울 수 있다. 여기서는 공통으로 도움되는 태도를 몇 가지 살펴보겠다.

우선, 트라우마의 영향으로 경험하는 어려움을 알아봐주는 것이다. 감정 조절이 어려워 보이고, 전보다 짜증이나 화를 잘 내거나, 반대로 지나치게 무감각해 보이고, 사람들과 거리를 두는 모습을 발견한다면, 그 사람은 상당한 스트레스를 경험하는 중이다.

가까운 사람이 이전과 다르게 예민해져 날카롭게 군다면, 그것을 지켜보는 사람도 날카로운 감정이 들기 마련이다. 그때 감정대로 반응하기 전에 잠시 멈춰 상황을 바라보자. 상대방이 트라우마 사건 때문에 불안정한 상태에 있다는 사실을 떠올려보길 바란다.

때로는 힘든 경험 후에 괜찮아 보이려고 노력하는 사람도 있다.

"괜찮아"라는 말은 수용해줘야겠지만, 혹시 부정적인 감정을 누르려고 애쓰는 상태는 아닌지 살필 필요가 있다. 경찰은 업무 특성상 안정적인 태도여야 하므로 괜찮아야 한다는 강박에 빠질 위험이 있다. 힘든 일을 경험한 후에는 "괜찮지 않을 수 있다. 괜찮지 않아도 괜찮다"라는 말이 자신과 서로에게 절실하다.

자율신경계 중 사회적 관계 체계라고 불리는 배 쪽 미주신경이 활성화되도록 도와주는 것이 트라우마 영향을 완화하는 데 필수적이다. 안전을 감지하고 안정적인 타인의 존재를 느낄 때 배 쪽 미주신경이 작동한다. 반대의 순서로 배 쪽 미주신경이 커지면 상황을 안전하다고 판단할 수 있으며 타인과 소통할 수 있다. 안전하고 신뢰할 만한 타인이 내 옆에 있다는 사실만으로도 신경계는 안정 쪽으로 조절되는 경향이 있다.

기분이 처지고 우울할 때, 혼자 침대에 누워 있으면 처음에는 편안하게 느낄 수 있다. 그러나 그 시간이 길어지면 어느 순간부터는 더 가라앉는 느낌이 밀려온다. 그럴 때 카페에 가서 모르는 사람들 사이에 앉아 있기만 해도 조금 에너지가 올라오는 것을 느껴본 적 있을 것이다. 우울할 때 새벽시장에 나가면 힘을 얻는다는 사람도 있다. 낯선 사람들과 물리적으로 같은 공간에 있는 것만으로도 심리적 안정을 찾는 데 힘이 된다.

트라우마로 힘들어하는 사람에게는 안전한 환경을 만들어주고, 함께 있어주는 것이 도움된다. 힘든 사람의 감정을 인정하고 공감하는 태도로, 하지만 지나치게 동요되지 않은 안정된 상태로 가까이에 있어주도록 한다. 배 쪽 미주신경은 다른 사람의 안정적인 목소리 톤, 부드러운 표정과 눈빛을 지각할 때 활성화된다.

힘들어하는 사람에게 온화한 얼굴로 다가가고 부드럽게 말을 걸어주는 것이 그 사람이 안정감을 찾는 데 적지 않은 힘이 된다. 상담실에서 만난 경찰관들은 선배나 동료의 따뜻한 말 한마디, 그들이 묵묵히 함께 있어준 것이 무엇보다 큰 힘이 되었다고 말한다.

함부로 조언하지 마라

트라우마 경험자가 압도적인 기억과 감각, 감정, 생각을 정리하는 데는 시간이 필요하다. 섣부르게 조언하는 것을 피하고, 상대방의 반응에 귀를 기울이고 경청하자. "그럴수록 네가 강해져야지. 얼른 극복해야지" 하는 격려는 상대방을 위하는 의도로 하는 말이더라도 재촉이나 비난으로 들릴 수 있다. 이는 듣는 사람에게 수치심을 불러일으킬 수 있다. 수치심을 경험하는 사람은 자신을 감추려 하고, 타인에게서 멀어지려 할 것이다. 이 때문에 필요한 지지를 받기가 어려워진다.

트라우마는 보통 통제감을 잃어버리는 경험이다. 무력감과 함께 삶의 의미를 잃고 무기력해질 수 있다. 그렇기에 트라우마 경험자를 대할 때, 통제감을 되찾을 수 있는 방식으로 돕는 것이 필요하다. 본인이 필요로 하고 원하는 것이 무엇인지 경청한다. 표현하기 어려워한다면, 그 사람에게 도움이 될 만한 선택지들을 제시해서 그중 당사자가 선택할 수 있도록 돕는 것도 좋다.

경찰관은 위험한 현장에서 동료 간에 서로를 의지하며 일하기 때문에 현실적으로 업무에 지장이 있다면 솔직하게 터놓고 상의해야 한다. 필요하다면 상담이나 치료를 권유하는 것이 도움이 된다. 이런 소통 과정에서 어려움을 겪는 사람을 공감하고 지지하는 마음을 전달하는 것이 매우 중요하다. 트라우마의 영향은 당사자를 넘어 주변 사람에게까지 부담과 좌절감으로 전해질 수 있다.

트라우마 경험자를 돕기 위해서는 공동체가 필요하다. 개인의 고통을 개인 차원에만 두지 않고, 공동체가 함께 치유하는 노력을 기울일 필요가 있다. 고통받는 사람이 있다는 것을 숨기고 드러나지 않게 노력하는 것이 아니라, 고통을 인정하고 수용하며 회복으로 갈 수 있도록 함께하는 것이다. 그리고 그 중심에는 고통의 당사자가 있어야 한다. 당사자가 원하는 속도와 방식으로 공동체가 함께할 때, 개인과 공동체가 함께 건강해진다.

역경 후에
오는 것들

내 안에 내재된 힘, 회복탄력성

 누군가가 죽고 다치는 현장 가까이에 있다는 자체만으로 심리적 어려움을 겪을 수밖에 없을까? 그렇다면 경찰관 모두가 항상 외상 후 스트레스 장애에 시달리고 있을까? 당연히 그렇지는 않다. 인간의 삶은 역경과 고난으로 이루어져 있다고 해도 과언이 아니다. 일상, 특히 경찰관의 일터에서 크고 작은 사건들이 일어나는 자체를 막을 수 없다. 사건으로 인한 스트레스 역시 완전히 차단하고 살 수 없다.

 경찰이라는 직업을 선택할 때 어느 정도는 충격을 주는 사건, 사고에 노출될 수 있다는 사실을 예상한다. 그리고 경찰 업무 교육 중에는 이에 대비하는 방법들을 훈련한다. 그렇기에 일반인보다는 이와 같은 상황에 잘 대처할 수 있다. 상황에 적절하게 대처하고 누군가에게 도움을 주는 경험을 했다면, 트라우마가 될 수 있었던 현장도 때로는 힘들지만 보람 있는 경험으로 기억될 수도 있다.

설령 어려움을 겪더라도 회복탄력성이 있기에 심리적 손상이 영원불변하지 않는다. 아무리 훈련된 경찰관이라도 특정한 현장이나 사건은 심리적으로 충격이 될 수밖에 없다. 그런데 인간은 손상과 충격으로부터 스스로 회복하는 능력을 갖추고 있다. 신체적 상처도 시간이 지나면 새 살이 돋고 아물듯 적절한 보호와 자원이 주어진다면 심리적 상처도 낫는다.

불행한 사건이나 실패를 겪어도 잘 회복하고 적응하는 힘을 회복탄력성이라고 한다. 용수철이 외부의 힘에 따라 줄어들거나 늘어났다가도 다시 원래의 형태를 되찾는 것과 비슷하다. 인간의 마음도 외적인 충격을 받은 후 탄력적으로 회복하고, 때로는 이전보다 나은 변화를 이끄는 잠재력이 있다.

심지어 이전 수준으로 회복되는 것을 넘어서서 이전보다 더 성숙한 상태, 이전과 달리 심리적으로 긍정적인 변형을 겪는 상태로 나아가는 것을 '외상 후 성장'이라고 한다. 외상 후 성장이란 위기 사건을 겪은 후 발생하는 긍정적인 심리적 변형과 변화를 말한다. 개인 자신의 정체성, 그리고 주변과의 관계 또는 가치관에 지속적이고 긍정적인 변화를 일으킬 수 있다.

외상 후 성장은 역경을 직접 경험하지 않더라도 다른 사람의 외상 경험을 목격할 때 일어나기도 한다. 이를 '대리외상 후 성장'이라고 한다. 대리외상은 타인의 외상 경험으로 인해 부정적인 영향을 받는 것을 설명한 개념이다. 반면에 대리외상 후 성장은 타인의 외상 경험을 극복하는 과정을 함께하는 사람도 긍정적인 심리적 변형을 함께할 수 있음을 말한다.

　나와 같은 심리상담가들은 다양한 사람과 깊이 있게 만나면서 각자가 가진 여러 삶의 고통과 상실을 마주한다. 이 때문에 힘들 때도 있지만, 상담을 요청하는 사람들, 특히 경찰관들이 고통을 통과하는 과정 중이나 통과한 후에 놀랄 만한 성숙과 위엄을 보여 줘 감동할 때가 많다.

역경은 역경에 머물지 않는다

　외상 후 성장은 자기 지각의 변화, 타인과의 관계 변화, 인생관의 변화 등 크게 세 가지 영역으로 나눈다.

　첫째, '자기 지각의 변화'는 트라우마로 인한 고통과 혼란을 극복하는 과정에서 자신의 강점과 잠재력을 발견하는 것이다. 어려움 속에서도 희망과 가능성을 발견하는 능력이 자라난다. 개인의 취약성을 알고, 취약한 자신에 대한 연민과 수용 또한 증가한다.

누구나 약해질 수 있음을 받아들이는 것이다.

둘째, '타인과의 관계 변화'는 삶의 위기에서 타인의 공감과 위로를 받으며 관계가 가까워지고 깊어지는 것을 말한다. 다른 사람을 깊이 있게 공감할 수 있게 되며, 힘든 사람에 대한 연민이 늘어난다.

셋째, '인생관의 변화'는 삶이 뜻대로 다 되지 않는다는 한계를 깨닫고, 삶의 우선순위를 재정립하는 것, 삶의 의미와 가치를 찾고, 감사하는 마음이 늘어나는 것이다. 의미와 가치를 찾는 과정에서 실존적이고 영적인 탐구에 관심이 높아진다.

"일하면서 죽음을 마주할 때가 많습니다. 그럴수록 삶에 대해 생각하게 됩니다. 지금 이 순간 좀더 행복하게 살아야겠다고 느껴요. 가족이나 가까운 사람들을 더 챙겨야겠구나 굳게 다짐하기도 해요."

많은 경찰관이 내게 이렇게 말한다. 본인이 직접 경험한 죽음이나 상실이 아니지만, 가까이에서 이를 함께하고 목격하면서 삶의 의미와 가치를 돌아본다. 오랜 경찰 생활에 지치고 날카로워진 경찰관들도 있겠지만, 내가 만난 경찰관들 중 다수는 자기 자신과 주변 사람, 그리고 삶을 바라보는 관점이 깊고 넓었다.

기본적으로 낙관적인 성향과 함께 자기 자신과 경험을 긍정적으로 돌아보고 의미를 찾는 '의도적 반추', 사람들에게 고통스러운 사건 경험을 말할 수 있고 이에 대한 정서와 생각들을 표현하는 '자기 개방', 그리고 주위 사람들이나 조직 및 사회로부터 실제적 도움이나 정서적 공감을 얻을 수 있는 '사회적 지지'가 외상 후 성장을 촉진하는 요인으로 알려져 있다. 이런 요인을 살펴보면 어떻게 해야 힘든 경험으로부터 성장을 이루어낼 수 있을지 힌트를 얻을 수 있다. 왜 하필 내게 이런 일이 일어났는지 경직된 분노로만 되새김질하는 것이 아닌, 이 일이 내게 일어난 것이 어떤 의미가 있는지 혹은 어떤 의미를 만들어갈 수 있는지 찾는 것이 필요하다.

"저 자신이 가정폭력 생존자입니다. 가정폭력 관련 업무를 하면서 피해자들을 누구보다 잘 이해하고 지원할 수 있어요. 경찰관으로 일을 하면서 더이상 무력한 사람이 아니라고 느낍니다."

상담에서 이런 말을 듣는다. 상담을 통해 건강한 자기 개방을 함으로써 혼자서만 생각했던 의미를 이야기하며 좀더 공식화하고 정리할 수 있다. 그리고 상담자의 공감과 지지를 느낄 기회가 생긴다. 겪지 않았더라면 좋았을 폭력 피해의 경험이지만, 그 경험을 기반으로 누군가를 도울 수 있다는 것과 자신이 가진 내면의 힘을 깨닫는 의미를 찾았기에 외상 후 성장에 해당한다고 볼 수 있다.

빛이 들어오는 방법

외상 후 성장이 낙관성과 희망을 제시하지만, 그렇다고 고통 속에 있는 타인에게 고통의 경험에서 의미를 찾으라거나 긍정적인 면을 보라고 함부로 말해서는 안 된다. 트라우마 경험 후에 더 강해져야만 한다고 자신을 조급하게 몰아붙이는 행동도 조심해야 한다.

"시련이 우리를 강하게 한다"거나 "담금질해야 단단해진다"라는 말은 자칫 "힘든 일도 겪어보지 않은 네가 뭘 알아" 또는 "젊어서 고생 사서도 한다는데, 이런 거 가지고 뭘 힘들다고 그래"라는 등 꼰대 마인드로 이어질 수 있다.

외상 후 성장을 겪는 사람이 흔하지 않다는 연구 결과도 있듯 고통으로부터 성장을 이루는 것은 상당히 어려운 일이다. 외상 후 성장을 하기 위해 고통스러운 사건을 반길 수는 없다. 개인과 사회는 트라우마가 될 수 있는 폭력 사건이나 여러 사고를 예방하고 막아야 한다. 다만 이 모든 사건이나 사고를 인간의 힘으로 다 막을 수 없기에, 이미 일어난 일을 어떻게 바라볼 것인가 하는 문제가 남는다. 세상에는 우리 힘으로는 어찌할 수 없는 일이 일어난다는 것, 그 경험이 한순간 무너지게도 하지만 다시 복원할 힘이 있다는 것, 복원의 과정을 혼자가 아니라 우리로서 함께 할 수 있다는 것을 명심하는 것이 중요하다. 이런 태도로 삶을 살아갈 때

선물처럼 성장의 경험을 얻을 수 있다.

  캐나다 출신의 싱어송라이터 레너드 코헨의 〈Anthem(송가)〉에는 다음과 같은 가사가 있다.

  There is a crack, a crack in everything
  (모든 것에는 틈이 있기 마련이며)
  That's how the light gets in.
  (그 틈을 통해 빛이 들어옵니다.)

  삶의 역경과 고난을 모두 막을 수 없다면, 그 경험을 통해 빛이 여러분에게 들어오도록 수용하길 바란다. 그 깨어진 틈이 취약한 개인들을 연결하는 고리가 되어줄 테니.

함께여서 다행이다

무엇에 몰두하고 있는가

주의를 기울인다는 것

충격적인 사건이나 반복되는 스트레스를 경험하면 주의를 기울이고 정보를 받아들일지 처리하기가 어려워진다. 대개 스트레스나 부정적인 경험과 관련된 자극을 향하고, 거기에 선택적으로 주의를 기울이면서 부정적인 감정 상태가 이어진다.

주의란 외부 환경이나 내부 상태에 대한 마음의 선택적·집중적인 활동 상태라고 정의한다. 수많은 정보로부터 제한된 양의 정보를 빠르게 탐지하고 분석하는 능력을 말한다. 지금 있는 자리에서 잠시 오감으로 들어오는 감각들을 알아차리면 수많은 감각 정보가 주변에 있다는 것을 알 수 있다. 청각 자극만 고려해도 실내에서는 TV 소리, 냉장고 돌아가는 소리, 에어컨 소리 같은 것들이 있다. 바깥에서 들려오는 소리도 많다. 차들이 지나가는 소리, 가끔 오토바이가 내는 큰 소리, 아이들이 놀이터에서 노는 소리, 지나가는 사람들의 대화를 비롯해 수많은 소리가 들려오고 멀어진다.

그런데 이 소리는 주의를 기울이지 않으면 들리는지 알지 못할 가능성이 크다. 이런 배경 소리가 있는 상황에서 앞에 앉아 있는 사람의 목소리에 주의를 기울여 다른 소리는 걸러내고 지금의 대화에만 집중한다. 이것이 주의의 역할이다.

주의는 외부 환경에서 들어오는 자극뿐만 아니라 개인의 내부에서 일어나는 신호를 알아차리는 데도 적용된다. 지금 신체 내부의 감각들에 주의를 기울여보자. 방금 마신 차가운 커피의 맛, 차가운 감각, 복부에서 느껴지는 배가 차 있는 느낌, 책을 들고 있는 어깨와 팔의 긴장감 등등 수많은 내적 감각이 있다. 이 모든 내적 신호도 주의를 기울이지 않으면 잘 알아차리기 어렵다. 정신없이 책을 읽다가 어느 순간 눈이 침침하다는 느낌으로 주의가 가고, 어깨와 목의 피로감이 느껴진다. 그러고 보면 '언제 점심을 먹었더라' 싶으면서 배가 꼬르륵하는 감각도 알아차린다. 신체 내적인 정보를 받아들이고 해석하는 것도 주의를 기울이는 것으로부터 시작된다.

일상에서 오감으로 들어오는 수많은 감각 정보 중 어떤 것을 선택할지는 주의를 기울이는 것으로 정해진다. 주의를 기울인다는 기능이 없다면 자신의 몸 외부와 내부로부터 일어나는 셀 수 없는 엄청난 자극들 때문에 압도당한다. 제한된 시간 동안 처리할 수 있는 정보의 용량은 한정되어 있어 그 순간에 필요한 정보를 선택적으로 받아들이고 처리할 필요가 있다. 그리고 주의를 기울이는 것을 시작으로 이후의 해석과 판단, 행동으로 이어진다.

내 안에 숨은 본능 알아차리기

주의 편향이란 환경에서 받아들이는 수많은 정보 중 특정 자극에 더 많은 주의를 기울이는 것을 말한다. 인간은 진화적으로 위험에 더 빠르게 주의를 기울이는 동물적인 반응 경향성을 가지고 있다. 위험을 잘 피하는 것이 생존 가능성을 높이기 때문이다. 이런 경향성은 선사시대부터 현재의 인류까지 이어질 수 있도록 우리를 보호해온 기능이다.

그런데 이렇게 위협에 반응해서 생존을 도모하는 주의 편향은 현대 사회에서는 부정적인 역효과로 이어지기 쉽다. 현대 사회는 문명화되면서 원시시대와는 달리 신체적인 위험 요소들이 많이 통제되었다. 그러나 위험 신호에 빠르게 반응하는 주의 편향 경향성은 여전히 남아 있다. 위험에 민감해져 있다면 도시의 온갖 소음에 깜짝깜짝 놀라면서 몸이 투쟁하거나 도피 반응할 태세를 갖춘다. 원시시대보다 복잡하고 빠르게 돌아가는 현대 사회에서 원시적인 위험을 캐치하는 능력은 과도한 불안으로 이어진다.

여러 연구에 따르면 불안장애 환자에게는 위험에 대한 주의 편향이 더 크게 나타난다. 사회적인 상황에서 불안이 심한 사회불안장애는 위협적인 표정에 대한 선택적인 주의 편향이 높게 나타났다. 우울장애 환자의 경우에는 우울과 관련된 자극에 빠르게 주의를 기울이는 편향은 나타나지 않았지만, 일단 그런 자극에 주의를 기울이면 그 자극들을 보다 오래 응시하는 것으로 나타났다.

충격적인 상황을 겪은 뒤에는 외상과 관련된 위협 자극에 더 민감하게 주의를 기울인다. 외상 후 스트레스 장애를 경험하는 사람은 그 정도가 심해 일상에 어려움을 겪는다. 지진 피해를 당한 사람은 옆 건물에서 공사하느라 일어나는 미세한 진동을 누구보다 빠르게 감지한다. 실제 위험을 잘 파악하는 것은 도움이 되지만, 과도하게 주변의 자극들에 경계 태세로 주의를 기울인다면 불안한 상태, 과장된 놀람 반응을 나타내는 과각성 상태에 빠질 수 있다. 바람 때문에 창밖의 나뭇가지가 흔들리는 것에도 건물이 흔들린 것은 아닌지 깜짝 놀란다면 일상의 활동을 유지하기가 어렵다.

환경에서 새로운 정보를 접할 때 정보가 있는 위치에 주의를 돌리는 것을 정향이라고 한다. 정향 반응은 동물들이 항상 변화하는 환경에 유연하게 대처할 수 있도록 돕는다. 지하 굴에서 집단으로 살면서 굴 입구를 감시하며 위험을 감지하는 미어캣은 경계하는 모습이 귀여워 동물 다큐멘터리 영상이나 사진 등으로 유명하다. 고양이나 너구리를 닮은 작은 털 동물 몇 마리가 두 발로 벌떡 일어서서 목을 길게 빼고 머리를 좌우로 돌리면서 주변을 살핀다. 이것은 주변 환경에서 위험의 단서들에 주의를 돌리는 정향 반응의 예라고 볼 수 있다.

자연환경이 개발되기 전, 산속에 사는 호랑이를 떠올려보자. 주변 풀잎이 바스락 흔들리는 소리가 주의에 들어온다. 그 소리 방향으로 귀가 쫑긋해지고 머리를 돌려 그쪽을 바라본다. 풀잎이 흔들린 소리는 작은 초식동물이 지나가면서 내는 소리일 수 있고, 호랑이를 잡으러 올라온 사냥꾼이 부주의하게 낸 소리일 수 있다. 먹이가 될 초식동물이라면 재빠르게 공격해서 사냥해야 한다. 사냥꾼이라면 화살이나 올가미 등 사냥 도구에 잡히거나 상처를 입기 전에 얼른 자리를 피해야 한다. 그런데 풀잎 소리를 낸 대상을 알아차리려면 가장 먼저 그 소리의 진원지를 알아보고 살펴 대상을 알아봐야만 한다. 즉 투쟁이나 도피 반응을 취하기 위한 가장 첫 반응이 정향 반응이다.

이 때문에 정향 반응은 가장 원시적인 수단이며, 끊임없이 다른 반응과 이어지면서 환경 변화에 적응하도록 한다. 주의가 선택적으로 특정 자극과 반응을 받아들이는 상태를 말한다면, 정향은 주의를 끄는 그 대상으로 몸과 시선을 돌리는 좀더 본능적인 반응을 말한다고 할 수 있다.

그렇게 하는 데는 이유가 있다

상담을 요청한 경찰관 중에 사회적인 상황에서 쉽게 불안해지고 긴장되어 있다가 혼자 있을 때는 우울감과 무기력감 때문에 힘들어하는 분이 있었다. 상담하면서 부정적인 생각의 패턴을 찾아낼 수 있었다. 다른 사람과 함께 있을 때 자신이 했던 말 때문에 상대방이 불쾌해하고 자신을 싫어하지 않을까 하는 두려움이 있었다. 관점을 바꿔 다른 사람이 자신에게 그렇게 말한다고 해도 기분이 나쁘지 않다는 것을 알지만, 걱정은 거기에서 멈추지 않는다. 그때 했던 말이 아니라 자신의 표정이 안 좋게 보이지 않았을까, 그때가 아니라 그전에 한 행동 때문에 이미 기분이 상해 있었을 가능성까지 하나를 반박하면 또 다른 하나가 튀어나왔다.

그는 자신과 관련된 부정적인 요소에만 주의를 기울이고 있었다. 누구도 완벽하지 않기 때문에 오류나 실수, 결함이나 결핍을 안고 있다. 하지만 그런 부분만 있는 것이 아니라 많은 강점과 장점, 성장하는 부분들을 가지고 있다. 긍정적이거나 부정적이라고 단정하기 어려운 중립적인 성향도 많다. 그런데 주의가 부정적인 단서로 기울면서 '자신은 부족한 사람'이라는 도움되지 않는 왜곡된 신념이 강화되고 있었다. 수많은 단어 중에서 부정적인 단어에만 동그라미를 그리면서 거기에만 주목하는 것과 같았다.

그에게는 다른 사람들의 부정적인 단서에 자동으로 정향하는 경향성도 보였다. 주변 사람 중 일부는 내가 무엇을 하든 내게 호의적인 사람이 있다. 반면에 일부는 내가 무엇을 하더라도 부정적으로 바라본다. 대다수는 내게 크게 주의를 기울이지 않거나 중립적인 태도를 보인다. 그런데 그는 자신에게 호의적이지 않은 사람들의 표정이나 행동에 시선을 두고 집중한다. 사회적 위협 단서에 정향하는 것이다. 위협을 느끼면 몸은 움츠러들고 고개는 숙여진다. 웅크린 자세가 자신을 보호하기에 적합하기 때문이다. 고개를 숙인 상태에서 시선은 바닥을 향한다. 그러다 보면 정작 자신에게 호의적인 사람들의 미소나 부드러운 시선을 알아차릴 수가 없다. 이때 '자신은 사랑받을 수 없는 사람'이라는 왜곡된 신념이 강화된다.

잠시 몸과 마음을 놓아두어야

주의와 정향 반응은 본능적으로 이루어지기 때문에 이를 알아차리려면 자신의 주의 편향에 대한 자각을 높이는 것이 우선이다. 자신이 시선을 지금 어디에 두고 있는지부터 살펴본다. 지금 특정 자극이나 대상에 고정되어 있었다면, 고개를 돌려 주변을 둘러본다. 목 주변 근육을 스트레칭하듯 천천히 고개를 돌리면서 지금 있는 공간에 있는 것들을 하나하나 살펴본다. 동물적인 정향 반응을 의도적인 행동으로 연결한다. 주변을 돌아보다가 마음에 드는 대상에 잠시 시선을 멈춰 머무른다. 편안함, 호기심, 설렘, 만족감, 즐거움 등 다양한 감정과 감각으로 마음에 든다는 느낌을 알아차릴 수 있다. 그 느낌이 몸 어디에서 어떻게 느껴지는지 살펴본다. 가슴의 따뜻한 감각, 어깨가 펴지는 느낌, 팔과 다리에서 일어나는 기분 좋은 에너지의 느낌, 머리가 맑아지는 느낌 등 어느 것이든 그 느낌에 머무른다.

앞에서 언급했던 상담 사례처럼 어딘가에 주의를 기울이고 정향하는 것은 습관화되고 패턴화되어 있을 가능성이 크다. 습관화된 패턴에 빠져 있을 때는 그것을 알 수 없다. 지금 하는 행동이나 생각을 잠시 멈추고 한 걸음 떨어져 바라본다. 평가하거나 판단하는 것을 옆에 치워 놓고 있는 그대로 알아차린다. 평가나 판단이 빠르게 개입하면 있는 그대로 알아차리기가 어려워지기 때문이다. '내가 부정적인 단서에 주의를 기울이고 있었다'를 있는 그대로 알아차린다. 평가나 판단을 빠르게 하면서 '역시 나는 부정적인 사람이고, 이 어려움으로부터 빠져나오기 힘들다'라는 생각이 이어진다면, 부정적인 감정이 연이어 밀려오고 이를 조절하기가 어려워진다. 자신의 패턴을 인식하는 것으로부터 조절은 시작된다.

특정한 패턴에 빨려 들어가지 않고, 빠른 판단이나 평가에 치우치지도 않고 자신을 바라볼 수 있다면, 거기서부터 변화는 시작될 수 있다. 정신분석에서는 내담자의 특정 반응에만 주의를 기울이는 것이 아니라 내담자의 모든 반응, 또한 분석가 자신으로부터 일어나는 모든 반응에 골고루 주의를 기울여야 한다고 강조한다. 이를 '고르게 떠 있는 주의' 혹은 '잔잔히 떠 있는 주의'라고 한다. 이를 통해 열린 마음으로 내담자의 마음을 탐색할 수 있다. 상담의 목표는 궁극적으로 상담자가 내담자에게 대하는 방식을 내담자가 내면화해서 자신에게 적용하는 데 있다. 우리 모두 자신의 마음에 대해서는 누구보다 가장 잘 이해하고 살필 수 있다. 자신의 경험을 고르게 주의를 기울여 살핌으로써 변화의 시작점을 만들어낼 수 있다.

오늘도
욱하셨나요

화는 뜨거운 석탄을 쥐고 있다

 '분노조절장애' 라는 말을 들었을 것이다. 최근에는 '분조장' 이라고 줄임말까지 나올 정도로 자주 사용되고 있다. 분노조절장애는 정식으로 인정된 진단명은 아니다. 기분장애나 충동조절장애, 불안장애 등 여러 정신과적 문제가 분노 감정을 조절하기 어렵게 영향을 끼치는 것으로 알려져 있다.
 이런 진단이 아니더라도 항상 화가 나 있는 것으로 보이는 등 화내는 빈도가 너무 높거나, 끼어들기를 한 앞차를 쫓아가서 막아서려고 하는 등 화의 강도가 지나치게 강렬하거나, 새치기한 사람에게 주의를 시켰고 이후 일을 보고 집에 왔는데도 화가 풀리지 않는 등 화가 잘 가라앉지 않아 지속 시간이 너무 길어진다면 분노

조절에 문제가 있다고 볼 수 있다.

 분노 조절이 어렵다면 무엇이 문제가 될까? 붓다는 화를 품고 있는 것은 남에게 던지기 위해 자신의 손에 뜨거운 석탄을 쥐고 있는 것과 같다고 했다. 과도한 화는 주변에 미치는 영향에 앞서 자기 자신에게 부정적인 영향을 미친다. 분노는 생리적인 활성화를 가져온다. 근육의 긴장, 빠른 심박, 혈압 상승 등 이런 신체적 상태가 계속 이어진다면 심혈관계 질환, 특히 고혈압과 심장병의 위험을 증가시킨다고 알려져 있다. 소화기질환, 면역계 약화, 정신건강 문제와도 연관된다.

 쉽게 화를 내는 사람은 대인관계에서 불이익을 겪을 가능성이 크다. 쉽게 화낼수록 사람들이 가까이하길 꺼리고, 함께 일하지 않으려 하며, 심하면 법적 문제 등 심각한 문제로 이어질 수 있다.

 경찰의 일은 다양한 면에서 분노와 맞닿아 있는 것으로 보인다. 흥분한 민원인, 언론의 포화, 해결되지 않고 반복되는 문제들, 집회나 시위 현장 분위기, 보호받지 못하는 느낌, 부속품처럼 여겨지는 느낌, 존중받지 못하는 느낌 등은 경찰관을 만나 상담하면서 자주 듣는 내용이다. 대화가 이어지다 보면 목소리가 커지고 높아지곤 한다. 얼마나 공감하는가? 이것은 상담실을 찾은 특정 경찰관 한 사람 개인의 문제가 아니다. 경찰 일을 하면서 접하는 상황, 만나는 사람, 업무의 특성은 분노를 유발하기 쉬워 보인다. 아무리 훌륭한 경찰관이라 해도 때로는 이런 생각을 할 수 있다. 다만 이런 생각을 떨치기 어렵고 분노 감정에 사로잡혀 있다면 문제가 된다. 그리고 마음 깊이 자리잡은 분노와 연결된 태도와 신념이 자신과 타인, 세상을 바라보는 관점을 좌우하고 있다면 더욱 문제라고 할 수 있다.

화를 내면 화가 가라앉을까

 모든 감정은 우리에게 무언가가 필요하다는 신호를 보내는 것이며, 분노 역시 그렇다. 불안은 대비하고 준비할 필요가 있다는 것을, 외로움은 누군가와 연결할 필요가 있다는 것을 알려준다. 분노를 느끼는 것은 문제가 아니다.

 분노는 자연스러운 감정의 한 종류다. 일반적으로 부당한 상황을 마주할 때나 욕구가 좌절될 때 분노를 경험한다. 부당함에 맞설 수 있게 하며, 주장이나 요구를 전달하도록 돕는 감정이다. 누군가 당신에게 상처를 입히거나 당신의 물건을 가져가는데 화가 나지 않는다면 적극적으로 자신과 주변을 지키기 어렵다. 생물학적으로는 위협으로부터 자신을 보호하는 기능을 한다. 앞서 언급했듯 싸우거나 도망칠 수 있도록 신경전달물질과 스트레스 호르몬이 분비되며, 근육의 긴장, 빠른 심박, 동공 확장, 혈압 상승 등 생리적 반응을 동반한다. 개체와 종족을 지키기 위한 동물적인 반응이 본능적으로 남아 있는 것이다.

그렇다면 시원하게 화내는 것이 좋을까? 격하게 화를 드러내야만 감정을 털어낼 수 있다고 생각할 수 있지만 실제로는 그렇지 않다. 미국 오하이오주립대 커뮤니케이션학과 브래드 부시먼 교수는 분노 반응에 대해 실험했다. 학생들에게 자신이 쓴 글에 '최악의 글'이라고 평가를 받아보게 해서 화가 날 상황을 만들었다. 세 집단으로 나누어 다른 지시를 내렸는데, 한 집단은 가만히 앉아 기다리도록 했으며, 한 집단은 펀치볼을 주고 감정을 표출하도록 했다. 마지막 한 집단에는 가상의 평가자를 상상하며 펀치볼을 치도록 지시했다. 이후 학생들에게 평가자의 귀에 꽂은 이어폰에 불쾌할 정도의 큰 소리의 음악이 흘러나오게 조정했다. 실험 결과, 평가자를 상상하며 펀치볼을 치도록 했던 학생들이 가장 소음을 크게 틀었으며, 큰 분노를 표출한 것으로 보고되었다.

소리를 지르고 벽을 치거나 물건을 던지는 등의 행동은 신체적 흥분을 불러일으키며, 화를 조절하기보다 더욱 불타오르게 한다. 강렬하게 화를 표출하는 것은 잠깐은 후련하게 느껴지지만 장기적으로는 그렇지 않다. 누구나 욱해서 화를 내고 후회해본 경험이 있을 것이다. 화를 내는 것은 습관이 된다. 돌아보지 않으면 강도는 점점 더 강해지기 마련이다.

그렇다면 어떻게 화를 폭발시키지 않으면서도 감정을 인정하고 조절하는 균형을 찾을 수 있을까?

내 안의 분노를 볼 수 있다면

화를 조절하기 위해서는 우선 자신의 감정 경험을 알아차려야 한다. 목소리가 높아져서 빠르게 말을 쏟아내면서 동시에 '내가 이런저런 이유로 지금 화를 내고 있구나' 알아차리는 것은 어렵다. 분노에 휩싸여 있을 때 머리는 멈춘 것 같고, 몸은 스프링처럼 튀어나갈 것 같으며, 불타오르는 것처럼 느껴지기도 한다.

분노는 진화적으로 위기 상황에서 싸우는 등으로 대처하도록 하는 감정이므로 고차원적이고 논리적인 뇌 활동보다는 원시적이고 본능적인 감정 뇌가 더 활성화된다. 머리가 멈추고 하얘지는 것처럼 느껴지는 것은 이런 관찰과 논리, 문제 해결에 관여하는 전두엽 부위와 감정 뇌 연결이 약화하는 것으로 설명하기도 한다. 격렬한 화를 경험할 때 인간은 자극받은 원숭이처럼 변한다.

'참을 인(忍) 세 번이면 살인을 면한다' 라는 말이 있다. 화를 바로 표출하기 전에 호흡을 가다듬고 경험을 관찰한다. 화가 나는 순간 일어나는 생각, 감각, 충동, 감정을 관찰한다. 분노는 일반적으로 가벼운 짜증에서 강렬한 격노에 이르기까지 범위가 넓은 감정이나 느낌이다.

몸의 경험을 알아차리는 것이 분노 감정의 세밀한 결을 구분해내는 데 도움이 된다. 주먹에 힘이 들어갔는지, 턱을 앙다무는지, 미간을 잔뜩 찌푸리는지, 눈을 부릅뜨는지, 어깨나 상체에는 긴장이 얼마나 있는지. 그리고 감정에 이름표를 붙여본다. 짜증, 불편감, 화, 분개, 조급함, 원망, 노발대발, 뾰로통함, 불만, 격노 등 분노를 나타내는 말은 다양하다. 이렇게 신체 각성을 알아차리고 감정을 라벨링하는 것 자체로 급격히 올라간 감정이 떨어지는 경험을 할 수 있다. 아이가 갑자기 마트에서 소리를 지를 때 윽박지르는 것이 아니라 무슨 일이 일어났는지 알아보는 것처럼 말이다.

"저 장난감을 사고 싶었구나. 그런데 아빠 엄마가 모르고 지나쳐서 화가 났니?"

무엇을 원하는지 어떤 감정인지 읽어줄 때 아이는 감정 조절을 배운다. 원하는 것을 다 들어줄 수 없지만, 아이는 원하는 것을 다 할 수는 없다는 사실 또한 이런 경험으로부터 배운다. 어른인 우리에게도 필요한 방법이다.

'민원인이 흥분해서 큰 소리로 말하니까 공격하는 것처럼 느껴진다. 그래서 답답하고 나도 강하게 방어하고 싶어지는구나.'

상황과 그에 대한 자기 생각과 반응을 알아차리는 것이다.

슬기롭게 화를 다스리는 방법

분노는 종종 1차 감정이 아닌 경우가 많다. 다른 감정에 뒤따르거나 그 감정을 덮어쓰고 있는 2차 감정이다. 두려움을 느낄 때 분노로 과잉 보상할 수 있다. 공포영화를 보다가 깜짝 놀라게 하는 장면에서 소리를 지르고 나서 "아이씨!" 하고 살짝 짜증나는 경험을 해본 적 있을 것이다. 경찰관은 칼을 든 사람과 대치할 때 두려움과 분노가 섞인 감정을 경험하기도 한다.

때로는 슬픔을 분노로 표현하기도 한다. 특히 '남자는 태어나서 세 번 운다'라는 말이 보편적인 문화에서 자라난 남성은 슬퍼하고 눈물을 흘리는 것은 약한 것이라고 배운다. 좋아하는 이성에게 거절당하면 거절의 상처 때문에 슬픔을 경험할 텐데, 어떤 남성은 대신 상대를 원망한다. 심지어 상대방에게 해코지하는 사건이 늘어 사회적 문제로 여겨진다. 죄책감이나 수치심이 화로 드러날 때도 있다. '방귀 뀐 놈이 성낸다'라는 속담은 잘못을 저지른 후 엉뚱하게 화내는 상황을 이른다. 열등감이나 자기 혐오감이 강할 때 그런 감정은 더더욱 받아들이기 어려워 화로 나타날 수 있다.

1차 감정을 알아차리고 수용할 때, 문제를 바로잡거나 감정을 해결할 수 있다. 분노를 제대로 알아차렸다면, 이제 폭발하지 않고 전달할 수 있다. 자신이 화가 나 있다는 사실과 화가 난 이유, 그리고 상대가 어떻게 해주길 바라는지 혹은 상황이 어떻게 바뀌길 원하는지 말한다. 변증법 행동치료에서는 원하는 것을 전달하는 방법으로 기술하기, 표현하기, 주장하기, 보상하기를 강조한다. 지금 화가 난 상황을 있는 그대로 기술한 뒤, 자신이 느끼는 감정을 표현하며, 상대가 해줄 수 있는 것을 주장하고, 마지막으로는 그것을 해주는 상대에게도 보상이 될 만한 것을 언급한다.

"외모로 평가하니 당황스럽고 불편합니다. 앞으로는 외모를 주제로 삼지 않으셨으면 합니다. 그렇게 해주시면 고맙겠습니다."

"오늘 저녁을 같이 먹기로 했는데 연락 없이 9시에 들어오니까, 나를 생각해주지 않는 것 같아 서운하고 화가 나요. 늦는다면 전화를 해주면 좋겠어요. 그러면 늦는 일로 화내지 않을 거고 우리 저녁 분위기도 부드러워질 거예요."

상대방을 비난하거나 공격하지 않으면서 감정을 전달하고 문제 해결로 나아갈 수 있을 것이다.

대개 나만 옳고 타인이 틀렸다는 생각이 분노와 연결되어 있다. 내가 살아가는 환경이 내 뜻대로 돌아가야만 한다는 경직된 신념이 화를 키운다. '장님 코끼리 만지기'라는 말이 있다. 누군가는 코끼리를 단단한 벽과 같다고 하고, 누군가는 코끼리는 둥근 기둥처럼 생겼다고 했다. 둘 다 맞는 말이다. 코끼리는 단단한 벽과 같은 몸체를 가졌고, 둥근 기둥 같은 큰 다리를 가졌다. 이렇듯 어디에 있느냐에 따라 다른 의견을 가지기 마련이다.

너도 옳고 나도 옳다는 마음으로, 서로의 의견을 어떻게 조율하고 통합할지 모색해야 한다. 분노를 에너지로 삼되, 그것이 자신을 삼켜버리지 않도록 조절한다면 더 나은 방향으로 나아갈 수 있다. 화나는 소식이 많은 때일수록 지혜롭게 헤쳐 나가야 한다.

배터리가 소진되었습니다

충전이 필요한 상태

 트라우마의 영향을 잘 이해하고 소화하기 위해서는 자기 돌봄이 중요하다. 트라우마는 사건 자체의 특성이 중요하지만, 트라우마를 경험한 사람의 상태에 따라서도 영향의 정도가 달라질 수 있다. 경찰관은 크고 작은 트라우마의 영향을 받는데, 이미 지친 상태에서는 그 영향을 잘 조절할 여력이 부족해진다. 트라우마 예방을 위해, 그리고 평상시 삶의 질을 위해 완전히 방전되지 않도록 자신을 챙길 필요가 있다. 그렇게 하지 못했을 때 발생하는 것이 소진이다.

 소진은 심리적·정서적 에너지가 고갈되어 무력감을 느끼고, 효율적으로 업무를 수행하기가 어려워진 상태를 말한다. 소진의 한자어는 사라질 소(消), 다 될 진(盡)으로 구성되어 있다. 국어사전에서는 "점점 줄어들어 다 없어짐. 또는 다 써서 없앰"으로 정의한다. 일 때문에 몸과 마음의 에너지가 점점 줄어들다가 결국 다 써버린 상태를 심리학적으로 소진이라 말한다.

소진은 1970년대 미국의 한 심리학자가 약물 의존 환자들을 돌보는 사람이 무기력해지고 환자들에게 냉담해지는 현상을 설명하기 위해 사용한 개념이다. 2019년 세계보건기구(WHO)는 소진을 "성공적으로 관리되지 않은 만성적 직장 스트레스로 인한 증후군"으로 정의했고, 질병은 아니지만 건강에 영향을 주는 인자로 인정했다.

심리학에서는 소진의 양상을 크게 세 가지 범주로 나누어 정서적 고갈, 비인격화, 개인의 성취감 저하로 설명한다.

'정서적 고갈'은 정서적으로 완전히 지치고 진이 빠졌다는 느낌, 대처할 수 없다는 느낌, 에너지가 떨어진 느낌을 말한다. 통증, 소화불량 등 신체 증상들이 나타나기도 한다.

'비인격화'는 직무 과정에서 대하는 사람들에게 부정적이고 무감각하며 냉소적인 태도로 사람을 물건 다루듯 대하는 상태가 나타난다. 사람들과 정서적으로 멀어지고, 일하면서 멍하고 무감각하게 느낀다.

'성취감 저하'는 업무가 점점 힘들고 좌절감을 준다고 느껴지는 것을 말한다. 자신이 하는 일의 결과에 부정적으로 평가하는 경향이 생긴다. 해야 할 일에 소극적으로 변하고, 집중하기 어려워지며, 무기력하고, 창의성과 활기가 부족해진다.

상담실을 찾는 많은 경찰관이 소진 양상을 보인다. 몸이 천근만근 무겁게 느껴지고 피로한 상태에서 민원인들에게 친절하게 대하는 것이 어렵다. 일을 제대로 하는지 모르겠고, 열심히 해도 소용없다는 생각마저 든다.

나를 소진하게 하는 것들

업무 요구도가 높을 때, 업무 범위가 명확하지 않고, 일에 대한 통제감을 느끼기 어려울 때 소진되기 쉽다. 경찰 업무는 어느 정도는 이런 특성들을 가지고 있다.

우선, 업무 요구도가 매우 높은 편이다. 법적인 판단을 내리고, 때로는 사람의 생명을 구조하는 일은 누구보다 냉철한 판단력과 위기대응력을 요구한다. 게다가 교묘한 범죄자 혹은 사건·사고로 혼란에 빠진 사람을 상대하는 것은 많은 경험과 노하우가 필요한 일이다.

업무 범위는 점점 넓어지고 있다. 일선에서 시민의 안전을 지킨다는 일은 어디까지라고 딱 잘라 말하기 어렵다. 경찰 업무는 질서 유지와 범죄자 검거가 주된 일이므로 강하고 강제적인 특성이 있다. 그런데 시민들을 직접 만나서 하는 업무가 많아 경찰관의 언행 자체가 경찰에 대한 신뢰와 만족에 영향을 미치기 마련이다. 그러다 보면 엄격함, 강함과 동시에 친절함이 요구된다. 이렇게 상반되는 특성을 갖추는 것은 어려운 일이다.

악성 민원에 시달리다 보면 통제감을 갖고 일하기 어렵고, 자신을 보호하기 위해 소극적으로 일한다. 해야 할 일의 범위는 넓어지는데 할 수 있는 일은 적다고 느낀다.

사회적으로 그리고 조직적으로 과로하기 쉬운 분위기 역시 개인을 소진 상태에 빠지게 하는 중요한 요인이 된다. 2021년 우리나라의 1인당 연평균 노동시간은 1,915시간으로 멕시코, 코스타리카, 칠레에 이어 4위였다.

2022년 동아일보의 조사 결과, 우리나라 20~60대 남녀 1,542명 중 34.7퍼센트가 번아웃, 즉 소진증후군을 경험한 적이 있다고 응답했다. 외국인이 빠르게 습득하는 우리말이 '빨리빨리'라는 이야기를 들어본 적 있을 것이다. 빠르게 처리하면서 오래 일하는 우리나라는 '과로사회'라고 할 수 있다.

성실함과 근면함은 분명 긍정적인 특성이지만, 이런 특성만을 강조하다 보면 개개인이 에너지를 충전하기 위해 쉬는 것조차 눈치를 보게 할 수 있다. 과정보다 결과를 중시하고, 경쟁을 부추기는 사회와 조직의 문화는 자신의 몸과 마음을 돌보는 것을 방해할 수 있다. 경찰은 특히 사회를 위한 공공의 업무이다 보니 더욱 엄격한 잣대로 평가를 받는 경향이 있다.

장기적으로 한 사회와 조직이 건강해지려면 그 구성원들이 건강해야 한다. 한꺼번에 모든 에너지를 모조리 태우도록 하는 것이 아니라 꾸준히 일을 지속하고 충전할 수 있도록 지원해야 탄탄한 사회와 조직이 되지 않을까.

갈수록 좁아지는 깔때기처럼

개인의 영역으로 돌아오면, 대개 책임감이 강한 사람이 소진 상태에 빠지기 쉽다. 업무가 많은데 충전하기 어려운 상태가 계속 이어지면 즐기는 시간, 휴식 시간, 집안일이나 자신을 챙기는 시간을 줄이기 시작한다. 그런데 그런 시간이 우리를 충전시켜주기 때문에 점점 더 소진의 늪으로 빠져들게 든다. 이를 깔때기에 비유하는데, 깔때기의 가장 넓은 윗부분은 일과 취미, 휴식, 자기 돌봄 등이 골고루 풍부한 상태를 뜻한다. 깔때기가 아래로 내려올수록 좁아지는 것은 긍정적인 활동들이 점점 줄어드는 과정을 보여준다.

바쁠 때 먼저 취미활동, 여행 등 즐기고 활동하는 시간을 줄인다. 이후에는 집안일을 할 시간이나 자신을 챙길 시간조차 줄이면서 주변 정리가 안 되고 씻는 것도 겨우 하는 상황도 발생한다. 잠시 산책하거나 창밖 풍경을 바라볼 여유조차 사라진다. 결국에는 일밖에 남지 않고, 그 끝에는 모두 다 타버린 소진 상태만 남는다.

 아프리카의 어느 부족은 우울증에 걸린 사람에게 다음의 네 가지를 물어본다고 한다. 마지막으로 노래한 것은 언제인가? 마지막으로 춤을 춘 것은 언제인가? 마지막으로 자신의 이야기를 한 것이 언제인가? 마지막으로 고요히 앉아 있던 것이 언제인가? 자신에게 자문해보기 바란다. 진정 나를 위한 시간을 보낸 적이 언제였는가?

 앞에서 언급한 조사에서 응답자들은 소진증후군을 겪는 주요 요인으로 과로, 완벽주의 성향, 남들과의 비교라고 언급했다. 과로는 상황적인 요인으로 제외하더라도, 완벽주의나 남들과의 비교는 어느 정도 우리 자신이 조절할 수 있는 심리적인 요소다.

 다시 한번 강조하자면, 소진증후군은 업무의 특성이나 사회 조직 문화적 요소와 떼어놓을 수 없다. 그러나 업무 자체, 사회와 조직의 문화를 우리가 바로 바꾸기는 어렵다. 따라서 지금 이 시점에서 우리가 할 수 있는 일을 살펴보고자 한다.

 먼저, 완벽주의 성향을 점검할 필요가 있다. 상담에서 만나는 경찰관들 중 상당수는 자기 자신을 높은 기준에 맞춰, 자신이 그 기준에 부족하다고 비난하며 채찍질하는 경향을 보인다. 물론 이상적인 목표를 가지고 이를 위해 동기를 부여하며 일의 방향성을 갖는 것은 매우 바람직하다. 그러나 이런 목표는 한 걸음에 달성되는 것이 아님을 명심해야 한다. 천 리 길도 한 걸음부터 시작해야 한다.

인간은 모두 각자의 한계를 가진다. 이 한계는 고정불변이라기보다는 개인이 처한 상황, 건강 등 컨디션, 일의 습득 정도 등에 따라 달라진다. 조금씩 한계를 늘려갈 수는 있지만, 한꺼번에 넘어서는 것은 부작용이 뒤따른다. 자신의 한계를 알아차리고 조절하기 바란다. 부족한 것에만 주의를 기울이기보다 지금 이 순간 누군가에게 도움을 준 것, 이 일을 통해 성장한 부분에 주의를 기울이길 바란다.

당장 시급한 문제를 해결해야 하는데 어떻게 느슨할 수 있느냐 반문할 것이다. 이때 나는 느슨해진다는 의미가 아니라 최선을 다하되 모든 것을 완벽하게 할 수 없음을 받아들이는 것이라고 설명한다. 완벽주의는 오히려 일을 두렵게 만들고 효율성을 떨어뜨리기도 한다. 한계를 인정하고, 이 순간 할 것에 최선을 다한다는 마음가짐이 맡은 일에 큰 힘이 된다.

자신의 한계를 알아야 쉬어야 할 때를 알 수 있다. 휴대전화 배터리 잔량이 얼마 남지 않았음을 확인하면 충전기에 연결한다. 우리도 자신의 배터리 용량과 잔량을 알아야 한다. 완전히 방전되기 전에 휴식하거나 도움을 청하거나 대처해야 한다.

도움을 청하는 용기

 어떤 일이든, 특히 경찰의 업무는 한 사람, 혼자만의 힘으로 할 수 있는 일이 아닐 때가 훨씬 많다. 자기 자신만을 채근하고 몰아치기보다는 필요한 도움을 요청하고 협업하는 것이 더 중요할 수 있다.

 완벽해야 한다는 신념을 내려놓기 바란다. 개인은 부족하지만 '우리'가 함께 할 때 각자의 부족함을 보완하고 함께 할 수 있다는 것을 잊지 말기 바란다. 함께 하는 중요성을 명심한다면 남과의 비교 또한 줄어들 것이다. 한 사람 한 사람이 모두 얼굴이 다르게 생긴 것처럼 능력과 장점 또한 각자 다르다. 누구는 일 처리가 빠르고, 누구는 조금 느리지만 꼼꼼하다. 우리 자신 그리고 함께 하는 동료의 장단점을 이해하고 서로 채워간다면 1 더하기 1은 2가 아니라 그 이상의 시너지를 낼 수 있다.

 동료가 힘들까 봐 휴가조차 내기 힘들다는 말을 많이 듣는다. 모두 힘든데 내가 힘들다는 말을 하면 안 될 것 같다고 한다. 하지만 각자의 어려움을 터놓고 이야기할 분위기가 필요하다. 당장 현실적인 문제가 해결되지 않더라도 번갈아 휴가를 가거나 서로 위로라도 할 수 있는 자체가 중요하다. 지금 여기에서 우리 자신을 위해, 내 옆에서 같이 일하는 동료를 위해 잠시 멈춰 돌아보길 바란다.

상담을 청하는 경찰관들 중에는 힘들다고 하면 윗선에 찍힐까 봐, 동료들이 안 좋게 생각할까 봐 말조차 꺼내기 어려워하는 경우가 많았다. 매일 힘들다는 소리를 입에 달고 사는 것은 좋지 않겠지만, 자신의 한계를 인식해서 표현하는 것은 자신뿐 아니라 조직을 위해서도 필요한 일이다. 그리고 대부분 막상 말하고 보니 업무를 조정하거나, 우선순위를 다시 찾거나, 부서를 이동하거나 등등 방법이 있더라고 말한다. 나만 힘든 게 아니니까 말하지 않고 참다가 동료에게 털어놓았더니 자신도 그렇다며 공감대를 형성할 수 있었다고 한다. 드러내고 이야기하는 자체로 도움이 되었고, 상담에도 올 수 있는 용기를 얻었다고 한다.

물론 당장은 안 좋은 소리를 듣고 힘든 상황을 겪을 수도 있다. 그럼에도 시간이 지나고 나면 그때 그렇게 이야기하고 조처하는 것이 잘한 일이라고 말할 수 있다. 그렇지 않았으면 자신이 아예 일을 그만두거나 몸과 마음의 건강을 모두 잃거나 더 나쁜 상황이 되었을 거라고 한다.

도움을 청하거나 상담을 찾거나 대처하는 것을 약하다고 하는 사람이 많다. 그러나 어려움이 있고 부족함을 느낄 때 해결책을 찾는 것은 오히려 현명함, 심리적 강건함에서 비롯한다.

잘 자는 것도
능력이다

어제도 잠 못 들었나요

 야간 시간 주취자에게 시달리느라 피곤하게 보내고, 대기 시간에는 잠이 오지 않아 뒤척이다가 퇴근해서 겨우 눈을 붙이면 그날 하루는 잠을 자느라 통으로 날아간다. 그러고 나면 밤에는 자야 하는데 말똥말똥 해져서 늦게까지 깨어 있다. 주간 근무 전날에는 한숨도 자지 못한 채 날밤을 새우고 나서 출근할 때가 대부분이다. 근무하는 낮에는 졸음, 피로와 싸우느라 정신이 없다. 이런 패턴이 반복되면서 잠에 대한 걱정이 쌓여간다.
 교대근무를 하는 경찰관들이 자주 호소하는 내용이다. 밤에 자고 낮에 깨어 있는 자연스러운 흐름을 거스르는 야간근무는 이후의 수면 패턴을 헝클어 놓아 몸과 마음에 부정적인 영향을 줄 수 있다. 이를 교대근무형 일주기 리듬 수면장애라고 한다. 수면장애는 잠들기나 깨지 않고 자기가 어렵고, 수면 시간이 부족하고 질이 떨어져 불만족감을 느끼며, 수면 문제가 일상이나 직업상 고통에 문제를 일으키는 것을 말한다. 잠자기 힘든 증상이 일주일에 3일 이상 최소 3개월 이상 이어지며 잠자기 좋은 환경에서도 잠자기 힘들다면 불면증으로 진단한다. 교대근무형 일주기 리듬 수면장애는 직업상 수면-각성 주기와 개인의 수면-각성 주기가 불일치할 때 수면 어려움을 겪는 경우를 말한다.

교대근무가 아니라도 수면 문제를 겪는 사례가 많다. 걱정되는 일 생각이 머리에서 떠나지 않아 밤새워 뒤척인 경험이 있을 것이다. 무언가를 신경쓰고 걱정하면, 뇌는 무엇인가 좋지 않은 상태라고 판단해서 알람을 켜고, 그에 따라 몸은 긴장하고 활성화된다. 신체 긴장을 측정하는 바이오피드백 검사를 할 때 암산하도록 하면 신체 긴장도가 높아지는 경향을 보인다. 숫자 계산을 할 뿐인데도 긴장이 올라가는데, 걱정하는 일을 생각할 때 긴장은 더 높다. 잠을 잔다는 것은 충분히 이완된다는 것인데 걱정하면서 긴장하기 때문에 잠은 달아난다.

대개는 걱정했던 일이 지나가고 상황이 나아지면 원래 상태로 돌아오기 마련이다. 그런데 스트레스를 받는 기간 동안 수면 패턴이 뒤바뀌고, 잠자리에 누워 걱정하고 불안해하는 습관이 붙으면, 스트레스 상황이 지나간 뒤에도 수면 문제가 계속될 수 있다. 혹은 우울증이나 불안장애와 같은 심리적 문제가 계속되면 잠을 못 자거나 너무 많이 자는 수면의 어려움이 동반해서 이어진다.

겨울이 깊어가면서 바람이 차가워질수록 밤이 길어진다. 해가 떠 있는 시간이 짧고 기온도 낮아 운동이나 산책 등 외부활동이 줄어든다. 운동량이 줄어 잠드는 데 전보다 어려움을 겪을 가능성이 커진다. 낮에 햇볕을 쬐면 밤에 멜라토닌 분비가 잘 된다고 한다. 멜라토닌은 빛을 감지할 수 있어 제3의 눈이라 불리는 뇌의 송과선에서 분비되는 호르몬으로, 신체의 일주기 리듬을 조절하는 기능을 한다. 낮이 긴 여름보다 해를 직접 쬐는 기회가 적기 때문에 잠을 오게 하는 멜라토닌이 잘 분비되지 않아 잠들기가 어려워진다.

잠과 꿈과 트라우마

뇌를 포함한 신체는 각성된 상태 때문에 발생하는 손상을 겪으며, 이런 신체 손상을 잠자는 동안 회복한다는 가설이 있다. 강제적인 휴식을 통해 긴 시간 활동하는 것을 멈추고 에너지를 보존한다는 가설도 있다. 그렇다면 잠은 컴퓨터 전원을 차단하듯 뇌를 끄는 것일까? 여러 연구에 따르면 수면은 복잡한 뇌 활동을 포함하는 것으로 알려져 있다. 회복하고 휴식하는 데 적극적인 방식을 활용한다는 것이다.

렘수면 동안 꾸는 꿈이 힘든 경험, 때로는 트라우마가 될 정도의 경험에서 강렬한 감정을 완화해주는 역할을 하는 것으로 나타났다. 꿈이 단지 낮 동안의 겪은 모든 경험과 자극을 꿈속에 재등장시키는 것이 아니라고 한다. 하버드대 의과대학 교수이자 수면인지센터 총괄책임자인 로버트 스틱골드의 연구에 따르면 깨어 있을 때 경험을 꿈에서 재연했다고 뚜렷하게 말할 수 있는 경우는 1, 2퍼센트에 불과했다. 중요한 것은 감정으로, 낮 동안 겪은 감정적인 주제와 걱정들은 꿈에서 강력하게 드러나는 비율이 35~55퍼센트로 높았다. 노르아드레날린이라는 스트레스와 관련된 화학물질은 꿈꾸는 수면 단계에서 바닥 수준까지 떨어진다고 한다. 즉 스트레스와 불안 물질이 저하된 차분하고 안정된 상태에서 강렬한 감정들이 재활성화되면서 기억 경험을 재처리하는 것으로 추측된다.

외상 후 스트레스 장애를 겪는 사람들은 트라우마와 관련된 악몽을 반복적으로 꾸며 수면의 질 저하를 겪는다. 진단 기준 중 반복되는 악몽이 포함되어 있을 정도로 트라우마에 대한 반응으로 악몽은 흔하게 겪는 어려움이다. 트라우마 경험이 너무 강하고 몸과 마음의 각성과 긴장을 상승시키기 때문에 수면 동안 꿈으로 강렬한 감정을 처리하는 데 실패한다. 그래서 다음날 반복해서 그 감정 경험을 처리하려고 반복적인 악몽으로 이어진다. 트라우마

치료가 잘 진행되어 여러 증상이 완화되면 신기하게 꿈이 바뀌는 경우를 많이 보고한다. 트라우마와 관련된 악몽도 멈춘다.

잠은 몸과 마음을 회복시키고 낮 동안 효율적으로 활동하고 기능할 수 있도록 해주는 중요한 역할을 한다. 이렇게 중요한 잠을 잘 잘 수 있도록 하려면 어떻게 해야 할지 알아보려면, 먼저 잠이 드는 원리를 이해하는 것이 도움된다. 잠은 두 가지 생물학적 과정이 맞물리면서 일어나는데, 바로 수면 압력과 일주기 리듬이다. 수면 압력은 항상성, 즉 몸이 균형 상태를 유지하고자 하는 경향에 따라 깨어 있는 시간이 길어질수록 잠들려는 욕구가 강해진다. 긴 시간 깨어 있으면 이 수면 압력이 강해져 졸음이 오고 자기도 모르게 잠들기도 한다.

그런데 야간근무를 하면서 긴 시간 깨어 있어 수면 압력이 증가한 상태인데도 막상 누우면 잠이 오지 않은 적 있을 것이다. 이것은 일주기 리듬이 아침이 되어 깨어나는 방향으로 움직이고 있기 때문이다. 몸의 주요 기능이 약 24시간에 맞춰 잠들고 깨어나는데, 이를 일주기 리듬이라고 하며, 뇌 안의 생체시계가 이 시간을 조절한다고 한다. 생체시계가 밤이라고 판단하면 잠들게 하려는 경향이 강해지고, 반대로 낮이라고 판단하면 깨어나게 한다는 것이다. 생체시계는 빛이나 온도, 신체 활동, 음식 섭취 등 외부 환경에 영향을 받는다. 대표적으로 빛을 감지하면 깨어나는 쪽으로 생체시계가 조정된다.

패턴을 알면 잠이 잘 온다

 잠이 잘 올 패턴과 환경을 만들 때 수면 압력과 일주기 리듬의 원리를 고려하는 것이 중요하다. 먼저 수면 압력을 높이기 위해, 즉 밤에 수면 욕구를 높여 잠들려면 낮 동안 낮잠을 자지 않아야 한다. 깨어나는 시간을 대략 비슷하게 해서 잠이 오는 시간 역시 비슷해지도록 한다.

 순환 교대근무를 할 때는 야간근무하는 날을 피곤한 예외적인 날로 두고, 나머지 주간 근무나 비번, 휴무 날에는 비슷한 시간에 일어나도록 수면 패턴을 만드는 것이 좋다. 야간근무 때는 출근 전 토막잠을 자거나 대기 시간에 가능하면 잠을 자두고, 야간 후 퇴근해서는 종일 잠을 자지 않도록 한다. 대기 시간 중 잠들기 어렵다면, 명상하거나 음악을 듣는 등 그 시간만은 편안히 보내도록 한다. 퇴근 후 아침에 잠이 들었다면 점심쯤에는 일어나 식사하고 가벼운 활동을 하면서 지내다가 밤에 다시 잠을 자는 것이 가장 좋다. '주야비휴' 등 교대근무의 패턴에 맞춰 수면의 패턴도 비슷하게 만드는 것이 필요하다.

 일주기 리듬을 조절하는 생체시계를 조정하기 위해서는 환경을 잘 조성하는 것이 필요하다. 잠을 자려고 할 때는 밤과 같은 환경을, 깨어 있으려 할 때는 낮과 같은 환경을 만들어준다. 야간근무 후 퇴근할 때는 선글라스를 착용해서 빛을 최대한 덜 받도록 한다. 어두워지고 있다는 신호를 보내 잠들기 쉽도록 준비한다. 반대로 깨어 있을 때는 햇볕을 30분 이상 직접 받는 것이 좋다. 밤에 해가 떨어지면 낮보다 기온이 떨어진다. 따라서 잠자리는 조금 시원하게 하는 것이 좋다.

반신욕이나 족욕은 몸을 데웠다가 천천히 식혀주기 때문에 잠드는 데 효과적이다. 자기 전 음식 섭취는 삼가고, 배가 고프면 우유, 바나나, 견과류를 조금 먹는 정도로 가볍게 허기를 달래준다. 운동처럼 몸을 움직이고 활동을 하면 몸은 깨어난다. 따라서 자기 전에 격한 운동은 잠을 달아나게 한다. 술이나 커피, 담배는 숙면에 도움이 되지 않는다. 커피는 밤에 잠을 잔다면 오전에 한 잔 정도가 괜찮다.

잘 자는 것도 능력이다

불면을 겪는 사람은 대개 빨리 잠자리에 누워 잠을 청하려고 시도한다. 잠자리에 일찍 누워 있으면 조금이라도 잠을 더 잘 수 있지 않을까 생각하기 때문이다. 그런데 수면 압력이 충분하지 않고 일주기 리듬이 깨어나는 쪽으로 가고 있다면 아무리 일찍 자리에 누워도 잠들기는 어렵다. 가만히 누워 있으면 온갖 생각, 주로 부정적인 생각과 석성이 머릿속에 떠오른다. 그러다가 시계를 보면 이미 시간이 많이 지나 있다. 그때부터 왜 잠이 오지 않는지, 내일은 어떻게 하면 좋을지 잠에 대해 걱정하기 시작한다.

이런 밤이 반복되면 잠자리는 걱정하는 행동과 연합이 되어버린다. 잠자리에 누우면 뇌는 이제 걱정할 시간이라는 신호로 잘못 받아들인다. 이를 방지하기 위해 잠이 오지 않으면 잠자리에 누워 뒤척이지 말고 잠자리에서 벗어나도록 한다. 자는 방이 아닌 다른 장소로 가는 것이 좋고, 여의치 않다면 최소한 침대나 이부자리를 벗어나서 앉도록 한다. 그리고 조용한 음악을 듣거나 뜨개질을 하거나 지루한 책을 읽는 등 차분한 활동을 한다. 그러다 졸음이 쏟아질 때, 바로 그때 잠자리로 돌아가 눕는다. 그러면 뇌는 이제 잠자리는 졸릴 때 자는 장소라고 학습할 수 있다.

불면증을 위한 인지행동치료에서는 잠자리에 누워 있는 시간이 길고 정작 실제로 자는 시간이 부족하다면, 잠자리에 누워 있는 시간을 줄인다. 수면 시간을 줄여 수면 압력을 높임으로써 다음날 밤에는 잠을 잘 잘 수 있도록 만들고, 잠자리에 누워 뒤척이는 시간을 줄여 잠자리와 잠을 연결한다. 잠이 오지 않을 때 누워 괴로워하면서 스트레스를 받는 대신 잠시 일어나 편안한 활동을 하는 것이 몸과 마음을 이완시켜준다.

'잠은 반드시 어때야만 한다' 라는 특정한 명제에 붙잡힐 필요는 없다. 역설적으로 이런 경직된 생각 때문에 몸도 마음도 굳어버릴 수 있다. 이것은 식물을 기르는 것과 비슷하다. 새싹이 자라나도록 새싹 윗부분을 잡아당기지 않는다. 꽃봉오리가 꽃을 틔우도록 아직 덜 벌어진 꽃잎을 잡아당기지 않는다. 그런 행동은 새싹과 꽃봉오리를 상하게 하며, 오히려 식물이 자라거나 꽃이 피는 데 방해가 될 뿐이다. 식물이 자라나고 꽃을 피우려면 적당한 햇빛과 물과 바람이 필요하다. 빛과 물과 바람이 풍부한 환경을 만들어주는 것이 좋은 방법이다.

　잠을 잘 자는 것도 마찬가지다. 잠을 자도록 억지로 애쓰는 것은 역효과를 가져올 수 있다. '자야 하는데 왜 잠이 안 오지? 지금 못 자면 큰일 날 거야.' 불안을 자극하는 협박 같은 자기 대화는 몸과 마음을 긴장하고 불안하게 할 뿐이다.

끊을 수 없다면
인정하라

혹시 과도하게 빠지지 않는가

경찰관들은 업무를 하면서 트라우마에 자주 노출되는 만큼 중독 문제를 겪을 위험성도 높다. 중독이란 '부적응적인 결과를 초래하는 행동에 대한 통제력을 만성적으로 상실'하는 것을 말한다. 심리학자 데이비드 샤퍼는 행동을 하기 전 갈망을 느끼며, 행동에 대한 통제력을 상실하고, 부정적인 결과를 가져옴에도 불구하고 계속하는 것을 중독의 단계적 특성으로 정의했다.

하나씩 살펴보면, 갈망이란 중독된 물질이나 행동을 취하고자 하는 비이성적이고 긴급한 열망을 말한다. 퇴근 후 맛있는 저녁 식사와 함께 맥주를 마시는 습관을 떠올려보자. 온종일 일을 하느라 긴장이 남아 있는 피곤한 상태 자체가 촉발 요인이 되어 술 한 모금이 떠오를 수 있다. 혹은 저녁 시간 해가 뉘엿뉘엿 지는 상황 자체가 술 생각이 나게 할 수 있다. 이렇게 내부나 외부의 요인으로 인해 갈망을 느낀다.

다음으로, 행동에 대한 통제력을 잃는다. 갈망에 따라 딱 한 잔이라고 생각하고 마셨지만 이를 통제하기 어려워진다. 한 잔이 한 병이 되고, 한 병이 두 병이 되는 식이다. 혹은 술 마시는 빈도를 조절하기가 어려워진다. 오늘은 술을 마시지 않고 헬스장에 가겠다는 계획이 저녁에는 무산되고 만다.

마지막으로, 통제하기 어려운 행동 때문에 부정적인 결과가 이어진다. 결국 귀가 시간이 늦어져 배우자나 가족과 싸움이 잦아진다. 숙취 때문에 다음날 출근하기가 어렵다. 종일 머리가 무겁고 속이 편하지 않아 하루를 헛되게 보내기도 한다. 건강검진을 하면 술을 줄여야 한다는 코멘트를 항상 듣는다. 이렇게 부정적인 결과들이 일어나면, 그 순간에는 이제 술을 줄여야지 생각한다. 그러나 얼마 지나지 않아 퇴근 후의 피로감과 헛헛함이 다시 술 생각이 나게 하고, 상황은 반복된다.

술뿐 아니라 많은 것에 중독된다. 최근에는 유명 연예인이 여러 종류의 마약을 사용해 연일 뉴스에 보도되기도 했다. 도박중독이나 인터넷중독과 같은 행위 중독도 들어보았을 것이다. 직접적인 약물 성분이 아니라 특정한 행동에도 중독될 수 있다는 개념이다. 심지어 일이나 운동과 같이 긍정적으로 보이는 활동에도 중독될 수 있다. 신경생리학적으로 물질이 중독되는 뇌 기전과 행동이 중독되는 뇌 기전이 유사한 것으로 알려져 있다.

 술, 쇼핑, 음식, 도박, 소비, 일, 운동, TV, 게임, 자해, 성, 인터넷, 스포츠 또는 취미, 음란물 등에 중독될 수 있다. 이렇게 다양한 대상에 중독될 수 있다는 것은 대상 그 자체에 중독의 속성이 있지 않다는 것을 의미한다. 물론 마약류나 특정 행동 중 강력한 중독성을 가진 것이 있기는 하지만 그렇다고 모든 사람이 중독에 빠지는 것은 아니다. 그리고 음식이나 운동처럼 적당할 때는 건강한 삶에 필수적인 요소들이 과도해져 오히려 중독으로 변질되기도 한다.

 술이나 도박과 같은 부정적인 대상이 아니라도 긴장과 스트레스를 풀기 위해 사용하는 방법이 한두 가지로 치우쳐 있다면, 사용 빈도나 정도가 지나치다면 중독 문제의 가능성을 잘 살펴볼 필요가 있다.

경찰관이라고 다르지 않다

 중독에 빠지기 쉽게 하는 취약 요인은 여러 가지가 있다. 그중에서 생명을 위협하는 트라우마 경험이 중독을 유발하는 요인 중 하나로 알려져 있다. 트라우마로 인한 긴장과 각성, 여러 부정적인 감정을 조절하기 위해 술을 자가약물치료처럼 사용할 수 있다. 반복해서 떠오르는 떨치고 싶은 이미지나 생각에서 벗어나려고 일이나 운동처럼 긍정적으로 보이는 행동에 과도하게 몰두할 수 있다. 때로는 도박이나 쇼핑, 인터넷, 게임과 같은 자극에 매달릴 수 있다.

  술이나 과도한 활동, 자극들은 일시적으로는 트라우마의 부정적인 영향을 줄여주는 효과가 있다. 그러나 장기적으로는 신체 건강이 상하거나 친밀한 관계가 망가지는 등 부정적인 결과로 이어진다. 때로는 술에 취한 상태에서 크게 다친다거나, 도박으로 인해 경제적 타격을 입는 등 또 다른 트라우마에 노출될 위험성이 커진다. 새로운 트라우마는 스트레스를 더 심하게 하고, 그 스트레스를 줄이기 위해 다시 중독으로 들어가는 악순환에 빠질 수 있다.

  국내외의 여러 연구 결과를 보면 경찰관들 중 음주 문제가 고위험군인 비율이 높은 편으로 나타난다. 경찰 조직과 업무의 특성이 중독에 빠지기 쉬운 취약성을 가지고 있다.

  경찰관은 업무를 하면서 다양한 트라우마에 노출된다. 트라우마로 인해 다양한 스트레스를 겪을 가능성이 크고, 이는 중독의 위험성도 높일 수 있다. 강력한 트라우마 경험이 아니라도 위험한 상황을 다루고 빠르게 판단하고 사람을 상대하는 일의 특성이 주는 긴장이 상당하다. 끔찍한 현장이나 어려운 사건 처리 후에는 "술 한 잔 마시고 잊어버려"라는 말을 많이 듣기도 한다.

교대근무로 인해 수면 패턴이 불규칙해서 수면의 어려움을 겪는 경우가 빈번한데, 잠을 푹 자려고 술을 마신다는 경찰관이 많다. 그러나 술은 즉각적으로 졸음을 유발할 수는 있지만, 수면의 질을 떨어뜨려 결국 수면 문제가 심해지는 결과를 가져온다.

기본적으로 우리나라는 음주에 너그럽고 술을 권하는 문화가 남아 있다. 예전 유행가 중 〈취중진담〉이 인기였던 것으로 기억한다. 취중진담이라는 말처럼 술을 마셔야 속 깊은 이야기를 나누고 가까워질 수 있다고 여기는 사람이 많다. 그러나 술 없이도 진실한 마음을 나눌 수 있어야 제대로 된 관계이지 않을까.

지금 여기에서 행동하는 것

중독 문제에서 벗어나려면 어떻게 해야 할까? 첫 단계는 중독을 알아차리고 인정해야 한다. '중독'에 이르지 않았더라도 '문제'나 '어려움'의 단계에서 더는 심해지지 않도록 자각하는 것이 중요하다.

영화나 드라마에서 전형적으로 나타나듯 손 떨림이 심하고 초췌해서 누가 봐도 중독자라고 드러나는 경우는 생각보다 많지 않을 수 있다. 겉으로 보기에는 드러나지 않는, 일상생활을 잘 하는 사람들이 중독 문제를 가진 경우가 많다. 스스로 문제를 인식하지 못하는 사람이 많다. '원래 술을 좋아한다', '경찰 일을 하려면 어쩔 수 없다' 라는 등의 태도로 문제를 축소하거나 수동적으로 대하는 경찰관도 많다.

그러다가 출근이나 업무를 하는 데 지장이 생긴다거나 시비에 휘말리는 등의 문제가 생길 때야 중독은 수면 위로 드러난다. 그 전까지 문제는 혼자만 아는, 혹은 가까운 사람들만 아는 물밑의 소용돌이다. 그러나 조용히 마음을 살펴보면 이미 알고 있다. 아직은 수면 위로 드러나지 않았더라도 무언가 문제가 되기 시작했다는 것을, 삶의 어느 부분에서는 분명 어려움을 겪고 있다는 것을, 변화가 필요하다는 것을.

정신과 의사인 애나 렘키 박사는 저서 《도파미네이션》(흐름출판, 2022)에서 어떤 행동에 중독된 것을 어떻게 아는지 질문을 받았을 때, 다른 사람에게 내가 하는 일의 양이나 정도를 줄여 거짓말을 하면 중독이라고 답했다. 자신에게 진솔하게 다음 질문을 해보길 바란다. 자신이 술을 얼마나 마셨는지 다른 사람에게 줄여 말한 적이 있는가? 술을 줄여야 한다고 느낀 적 있는가? 술을 조절하지 못해 자신에게 실망한 적 있는가? 술을 마셔서 조절하려는 고통이나 문제는 무엇인가? 술뿐만 아니라 다른 물질이나 활동, 행동에 대해서도 질문해보기 바란다.

문제를 알아차리고 인정했다면, 다음으로는 도움이 되는 행동을 바로 시작하는 것이 중요하다. 어떤 행동을 시작해야 하는지 기준은 안전한 행동과 안전하지 않은 행동을 구분하는 것이다. 혹은 도움이 되는 행동과 도움이 되지 않는 행동, 건강한 행동과 해로운 행동으로 표현할 수도 있다. 감정이나 생각은 지나치게 빠르게 흘러가거나 바뀌기 쉽다. 지금 여기에서 행동하는 것을 기준으로 삼는다.

일상을 잘 유지하고 있는데, 뭔가 망치고 있는 느낌, 좋지 않은 기분이 들 때가 있다. 반대로 현재 할 일을 하지 못하고 있거나 문제가 계속 이어지고 있음에도 모호한 자신감이나 낙관에 빠져 다 괜찮다고 느낄 수도 있다. 그럴 때 느낌이나 기분, 생각을 잠시 옆에 두고 행동을 지침으로 삼으면 중심을 잡을 수 있다. 부정적인 감정이 들더라도 안전한 행동을 할 수 있다.

퇴근 후 피로감이나 헛헛한 감정이 들 때 습관적으로 술을 마시는 대신 누군가와 차를 마시며 대화를 나눌 수 있다. 산책하거나 스트레칭을 하면서 몸을 풀어줄 수 있다. 기분이 좋을 때 술로 축하하는 대신 맛있는 음식을 음미하면서 먹거나 자신에게 작은 선물을 할 수도 있다.

무엇이 도움이 되고 안전한 행동인지는 사람에 따라 상황에 따라 다를 수 있다. 늦게까지 일하거나 땀을 내면서 운동을 하는 것이 자신에게는 건강한 행동일 수 있지만, 누군가에게는 일중독이나 운동중독의 건강하지 않은 행동이 될 수도 있다. 그 행동을 얼마나 자주 하는지, 생각했던 것보다 많이 하는지, 충동적으로 하는지, 계속해서 부정적인 영향을 미치는지 살펴야 한다. 정직하게 자기를 돌아보고, 도움이 될 만한 사람들의 의견에 귀 기울이는 것이 중요하다.

더 나은 삶을 위한 변화

 변화를 꾀하기 위해서는 먼저 자기 자신을 받아들이고 수용하는 것이 필요하다. 문제를 애써 축소하고 무관심하게 대하는 태도는 현재의 자기 자신을 진심으로 아끼기 어렵다는 방증일 수 있다. 더 나은 삶, 내가 원하는 삶을 사는 데 방해가 되는 문제가 있다면, 이를 인정하고 변화를 시도하는 것이 진정으로 자신을 사랑하는 방식이다.

 그런데 중독 문제는 처음에는 자신을 보호하기 위해, 일상에 적응하기 위해 시작되었을 수 있다. 그 당시에는 술이라도 마셔야, 게임에라도 매달려야 그 상황을 살아낼 수 있었을지 모른다. 지금은 문제가 된 행동이지만, 과거 어느 시점에서는 생존하도록 도운 방법이었을 수 있다. 그러므로 지나치게 수치스러워하거나 자책하지 않길 바란다. 수치심이나 자책, 분노와 같은 감정 때문에 나의 몸과 마음이 보내는 신호를 외면하지 않길 바란다.

 하나의 습관을 만들려면 한 달 정도가 걸린다고 한다. 내게 익숙한 문제를 바꾸는 데도 시간이 필요하다. 중독 문제를 변화시키는 과정에서 다시 문제로 돌아가는 실수는 어쩌면 불가피한 것일지도 모른다. 한 달 내내 술을 끊었는데 다시 마셔버렸다고, 다 틀렸다며 그런 자신을 놓아버리는 것은 피해야 한다. 무엇이 실수로 이어졌는지 살펴보고 다시 도움이 되는 행동으로 돌아서면 된다.

아이를 교육할 때 단호함은 도움이 되지만, 가혹한 비난이나 체벌은 도움이 되지 않는다는 것은 누구나 알고 있다. 어린아이가 새로운 것을 배울 때 어른이 도와주듯 자기 자신에게 너그럽게 대하는 것이 필요하다. 실수로부터 배울 수 있도록 돕는, 단호하지만 인자한 어른을 떠올려보는 것도 좋다. 문제를 겪는 자신을 다독이면서 더 나은 삶을 향해 나아갈 수 있다.

나는 잘 해왔고
잘할 것이다

왜 자꾸 인상이 굳어질까

한 개인이 삶을 살아가도록 하는 것, 성장하고 배우도록 하는 것, 생산적인 일을 해내도록 하는 것을 통틀어 개인의 자원이라고 한다. 우리 모두 유형무형의 여러 자원을 지니고 있다.

그런데 트라우마처럼 힘든 경험을 하면서 부정적인 감정 상태에 들어가면 자신에게 있는 자원을 알아차리기 어려워진다. 위험이나 위협에 대응하는 상태에 놓이면서 일상을 즐기거나 생산적인 일에 주목하지 못한다. 자신에게 있는 다양한 장점과 긍정적인 면을 제대로 보기 어려워진다. 실제로 연구에 따르면 외상 후 스트레스 장애 증상을 가진 사람은 칭찬에 부정적으로 반응하는 경향이 있다고 한다.

이렇게 위험과 위협에 대처하고 생존하기 위한 자원들을 '생존 자원'이라 하며, 몸과 마음의 건강을 도모하고 성장과 배움을 촉진하며 생산적인 성취와 관련된 자원을 '창조 자원'이라고 한다.

사실 보호하거나 방어하는 것도 능력이며 자원이다. 척박한 환경에서 살아남기 위한 노력과 시도, 적응 전략 모두 자원이다. 지나치게 엄격하고 강압적인 부모의 훈육을 받고 자란 아이는 순응적인 전략을 발달시키기 쉽다. 자기 의견을 말할 때 버릇이 없다고 혼났다면 말을 참는 쪽으로 적응할 것이다. 반대로 자기주장을 하고 강하게 보여야 하는 환경이었다면 주장적이고 방어적인 전략이 발달할 것이다.

모든 적응 전략에는 장단점이 있다. 어느 정도는 모두 필요한 방식이고, 특히 과거 어느 시점에서는 그렇게 적응하는 것이 제일 나은 방법이었을 것이다. 그러나 지나치게 한쪽으로 치우쳐 다양하게 대처할 수 없거나 상황이 바뀌었는데도 적응 전략은 그대로여서 오히려 어려움이 생긴다면?

상담실을 찾는 경찰관들에게 자주 발견되는 적응 전략은 자신에게 엄격하고 높은 기준을 적용하는 완벽주의 전략, 외부에 강하게 보이고 틈을 주지 않는 방어태세 전략이다. 직업적 판단으로 누군가를 처벌하는 일, 법을 다루는 일을 하는 까닭에 명확하고 세심한 일 처리를 강조한다.

혹독하게 질책하는 상사나 선배를 만났다면, 하나라도 실수하지 않도록 자신을 채찍질해야 혹독한 업무 환경에서 살아남을 수 있다. 새로운 업무를 익히기 시작할 때는 더욱 그렇다. 민원인이나 범죄자를 만나 대응할 때는 강하고 힘 있어 보이는 것이 도움된다. 그러다 보면 어느새 어깨에 힘이 많이 들어가고 인상을 쓸 때가 잦아진다.

지금의 나와 어제의 나

창조 자원은 배우고 성장하고 몸과 마음의 건강을 유지하는 데 도움이 되는 자원을 말한다. 생존 자원에 치우쳐 있으면 살아남는 데 초점을 맞추느라 마음의 안녕이나 신체적 건강을 놓칠 수 있다. 강하게 보이느라 온 신경이 곤두서 있을 때는 퇴근 후에도 기분을 전환하거나 이완하기가 힘들기도 하다. 이럴 때 창조 자원을 활용해볼 수 있다.

창조 자원은 사람에 따라 다양하다. 누군가는 산에 오르고 운동을 하는 등 활동적인 취미를 즐기면서 스트레스를 털어낸다. 조용히 앉아 책을 읽거나 글을 쓰면서 편안함을 느끼는 사람도 있다. 악기를 연주하거나 그림을 그리기도 한다. 이런저런 물건을 고치고 수선하는 일에 흥미를 느끼는 사람도 있으며, 요리하거나 식물을 가꾸기도 한다. 주변 사람을 모으고 연결해주며 넓은 대인관계를 유지하는 것이 장점일 수 있다. 동물을 보살피고 돌보는 데 장기가 있고, 반려동물에게서 위안을 얻는 사람도 있다. 무엇이든 자신만의 강점과 역량으로 새로운 것을 배우고, 재능을 계발하고, 경험을 통합하고, 성장할 수 있다. 이 모든 것이 창조 자원이다.

코로나19가 유행하던 시기에는 많은 사람이 운동이나 모임, 영화나 공연 관람과 같은 창조 자원을 활용하기가 어려웠다. 대신 가족과 함께하는 시간, 요리를 직접 해 먹는 것, 온라인을 통해 사람들과 연결되는 것을 자원으로 삼았다. 이렇듯 창조 자원은 여건에 따라 지금 여기에서 할 수 있는 것을 하는 것이다.

생존 자원은 보통 어릴 때나 환경에 적응하는 초기 단계에 적응하려고 생겨나는 것이 일반적이다. 아이는 시간이 지나면서 성장하고, 사람은 경험을 쌓으면서 역량이 늘어나고, 상황은 시간에 따라 변하기 마련이다. 자기 자신이 성장하고 힘이 생겼거나 상황이 달라졌는데도 생존 자원은 몸에 습관처럼 남아 이어지기 쉽다.

특히 아이였을 때는 양육자에게 전적으로 의존할 수밖에 없다. 어린아이는 신체적으로 다 성장하지 못했고, 지적으로 발달하지 못했으며, 심리적으로도 취약하다. 그래서 부모와 같은 양육자의 반응에 맞추는 방식으로 적응한다. 때로는 부모의 좋지 못한 모습과 태도에도 적응하느라 맞춘다. 지나치게 엄격하고 혹독한 체벌을 하는 부모에게 맞춘다면, 아이는 말수가 적어지고 시선은 아래로 향하고 행동을 조심한다. 그래야 부모의 불호령을 피할 수 있으며 체벌 받을 가능성을 줄일 수 있다.

그런데 성인이 되어 더는 그렇게 하지 않아도 될 때까지 이 패턴이 이어진다고 생각해보자. 여전히 하고 싶은 말을 삼키고, 고개를 숙이고, 어깨를 웅크리며, 눈치를 보고, 매사에 조심한다. 자신감 없는 사람으로 보일 수 있으며, 할 말이나 자기주장을 하지 못해 주변에서 오해받을 수도 있고, 무엇보다 그런 자신이 힘이 없고 무력하게 느껴질 수 있다.

한편, 이런 사람은 조심스러운 성향이어서 일 처리가 꼼꼼하고 동료로부터 신뢰를 받는다. 그렇다면 이제 더는 부모의 불호령을 피하는 모습이 아닌, 동료로부터 신뢰받는, 꼼꼼하게 일을 잘하는 자신의 모습을 떠올리고 어깨를 펴는 것이 옳지 않을까. 동료의 신뢰, 일의 성취 등이 나의 창조 자원이 될 것이다.

생존보다 강한 힘

생존 자원은 신체적 패턴으로 드러난다. 조심하는 태도는 웅크린 몸의 자세로 나타나며, 강하게 보이려는 태도는 딱딱한 턱이나 힘이 들어간 어깨와 가슴으로 나타난다. 살아남기 위해 자신을 보호하는 방식으로 몸의 패턴을 만들어낸다. 생존을 위해 택했던 한 가지 패턴이 일상생활에 습관이 되지 않도록 해야 한다. 창조 자원을 떠올리고 자신에게 적용할 때 몸의 패턴은 달라진다.

자전거를 타는 것으로 건강을 챙기고 기분을 전환하는 사람을 떠올려보라. 페달을 밟는 다리 근육의 감각, 뺨을 스치고 머리카락을 흩날리는 바람의 느낌, 자전거길 옆 하천에 반짝이는 햇살들, 길 따라 서 있는 나무들의 색깔……. 오감과 내적 감각으로 다양한 감각이 일어나고 경험되고, 이 감각들이 몸의 패턴을 만들어낸다.

가슴이 펴지고 시원해지며 팔과 다리에 적당한 힘이 들어갈 것이다. 이완되면서도 에너지와 힘을 느끼는 상태가 될 것이다. 이렇듯 창조 자원을 생생하게 떠올리며 몸의 감각을 알아차리고, 그럴 때 비로소 몸의 자세가 어떻게 바뀌는지 깨닫는다. 실제로 자전거를 타고 있지 않아도 그 경험을 떠올리는 것만으로도 몸과 마음은 힘을 얻을 수 있다.

상담자로서 나는 트라우마 상담을 배우고 훈련하던 초기에는 충격적이고 힘든 트라우마의 기억을 어떻게 잘 처리할 수 있을지 기억 처리 방법에 몰두했다. 외상 후 스트레스 장애 때문에 불쑥불쑥 원하지 않는 기억의 습격을 받으면서 어려움을 겪는 사람들을 만났기 때문이다. 그런데 더 다양한 사람을 만나고 상담하면서 기억처리보다 먼저 자원을 찾고 강화하는 것이 이후 치료 과정에 큰 영향을 미친다는 것을 깨달았다.

트라우마 경험은 시간의 감각을 흔들어 과거의 위험과 위협이 이미 끝난 것을 몸과 마음이 체감하지 못하게 한다. 트라우마 사건이 일어나는 동안 필요했던 생존 자원에 계속 머무르게 한다. 주로 자기 보호를 위한 동물적 방어에 몰두하게 한다.

배우고 성장하고 연결되려면 안정감이 필요한데도 계속 생존 자원을 붙들고 있는 한 새로운 학습이나 성장은 어려워진다. 상담이라는 과정은 새로운 관점이나 도움이 되는 정서를 체험하는 학습과 성장이 일어나는 장이다. 그런데 생존 자원에 머물러 있으면 상담 자체의 진행이 어려워질 수 있다.

그렇다고 살아남은 방식이 잘못되었다고, 그렇게 적응해온 적응 전략이 문제 있다고 비난하는 것은 답이 되지 않는다. 살아남아 있어야만 성장과 학습, 연결이 가능하기 때문이다. 어떻게든 살아남은 그 자체가 무엇보다 필요했던 힘이고 자원이다. 과거 그 시점에서는 그것이 최선이었다.

나는 잘 해왔고 잘할 것이다

생존 자원, 적응 전략을 충분히 타당화하고 존중할 필요가 있지만, 그보다 지금 여기 현재 시점에서 필요한 것이 무엇인지부터 살펴보자. 더는 생존하느라 모든 에너지를 쏟을 필요가 없다는 것을 알아차린다. 이제는 몸과 마음의 건강과 성장을 도모하고, 앞으로의 삶을 그리면서 살고 싶은 삶을 살아가는 것이 가능하다는 것을 느껴본다. 이미 가지고 있는 창조 자원들을 되새기고, 트라우마 경험 때문에 한때 잃어버렸던 자원을 되찾고, 더 갖고 싶은 자원들을 만들어 갈 수 있다.

어떤 목표를 세우고 있는가? 나쁜 습관을 버리고 좋은 습관을 만들고자 하는 경우가 많을 것이다. 나쁜 습관도 과거 어느 시점에서는 자신이 처한 환경이나 상황에 적응할 수 있도록 돕는 한 가지 방법이었을 것이다. 많이 긴장하는 사람이 잠을 자려고 술 마시는 습관을 만드는 것처럼 말이다. 나쁜 습관도 과거 어느 시점에서는 생존을 위한 자원이었음을 존중하자. 하지만 생존 자원에 머무르지 않도록, 창조 자원으로 이를 전환해보는 계기를 만들기 바란다. 즐기는 것, 잘하는 것, 좋아하는 것, 편안해지는 것, 활력을 주는 것을 더 많이 떠올리고 느껴보자. 긍정적인 것들을 활용해서 좋은 습관과 패턴을 만들어 간다면 나쁜 습관이나 패턴을 줄이기가 수월해질 것이다.

우리는 모두 역경을 견뎌내는 마음의 힘을 가지고 있다. 트라우마와 같은 경험을 하면 부정적인 면에 주목하기 쉽지만, 그럴수록 균형을 잡기 위해서는 의도적으로 긍정적인 면에 주의를 기울여야 한다. 그로써 다양하고 많은 자원으로 충만한 자신과 악수할 날을 고대하며.

문은 언제나
열려 있다

드라마와 현실 사이에서

 최근에 영국 경찰 수사드라마 시리즈를 집중해서 보았다. 미궁에 빠진 실종 사건을 풀어가고 개성이 강한 동료들과 끈끈해지는 과정도 재미있었는데, 주인공 경찰관이 심리치료사를 만나는 장면은 내 업무와 겹쳐져 몰입하지 않을 수 없었다.

 주인공은 현장에서 동료 두 명과 함께 총을 맞는 사고를 겪었고, 후배는 사망하고 파트너는 영구 장애를 입었으며 본인은 죽을 뻔한 위기를 넘겼다. 총상 치료를 마치고 복귀한 그는 의무적으로 심리치료에 임해야 했다. 심리치료사를 만났지만 내키지 않은 듯 통명스럽게 반응했다. 심지어 잠시 나갔다 오겠다 말하고는 그대로 차를 타고 돌아가기까지 했다. 심리치료사나 정신과 의사를 만나기 싫어하고 거부하는 경찰관을 묘사하는 장면은 수사 영화나 드라마에서 종종 등장한다.

유명한 미국 드라마 시리즈 〈CSI〉에서도 심리치료사를 만나는 과학수사 요원의 이야기가 나온다. 실제로 미국이나 영국, 호주 등 여러 나라에서는 경찰관 본인이 크게 다치거나 동료를 잃거나 혹은 범죄자나 용의자를 총으로 쏘는 일이 발생한 후에는 의무적으로 심리치료사를 만나도록 규정하고 있다.

우리나라의 경우 사상자가 여러 명인 사건 현장에 투입되었거나, 본인이 크게 다치는 일을 겪었거나, 동료 직원이 크게 다치거나 사망하고, 영유아가 사망하는 사건을 맡는 등 심리적 충격이나 부담감이 큰 사건이 발생하면 상담자가 근무지로 가서 관련 경찰관들을 만나는 긴급심리지원 프로그램이 있다. 이외에 상담자를 의무적으로 만나야 하는 프로그램이 더 있는데, 지정 상담이 그것이다. 전체 경찰관이 순번대로 상담자를 만나 스트레스 검진을 하는 것이다. 심리치료가 필요하지 않더라도 근무하는 경찰관은 모두 대상자다. 몸이 아픈 사람만 건강검진을 받는 것이 아니듯 심리적 어려움이 없더라도 예방적으로 심리전문가를 만나는 것이다. 이는 신체 건강검진을 의무적으로 실시하듯 정신건강 검진을 하자는 취지다.

이렇게 자발적이 아닌 의무적으로 진행하는 프로그램으로 경찰관들을 만날 때마다 많은 난관과 마주한다. 전체는 아니지만 몇

몇 분은 강제로 상담자를 만나야 한다는 사실에 분노를 터뜨리기도 한다. 문제 직원을 선별해서 어딘가로 보고하거나 통보하는 건 아닌지 불안해하고 마음을 굳게 닫기도 한다. 영화나 드라마에서 심리 전문가와의 만남을 거부하는 경찰관들이 나오는 것을 볼 때, 경찰관들이 쉽게 마음을 열기 어렵고 화내기도 하는 것은 우리나라만의 일이 아니라는 사실에 조금 위안을 얻기도 한다.

선진국으로 꼽히는 노르웨이에서 실시한 2006년 연구에서는 자살 사고, 불안, 우울을 경험한 경찰관들이 심리전문가보다 척추지압사나 물리치료사를 더 방문했다는 결과가 나타났다. 정신건강 관련 치료와 개입이 잘 발달해서 활용되고 있는 나라에서도 전통적으로 경찰관들은 심리치료나 상담, 정신과 진료를 불편해하는 대신 신체적 개입을 선호하는 경향이 있었다는 것이다. 2020년 미국에서 경찰관 대상으로 한 대규모 연구에서는 경찰관들에게 정신건강 관련 낙인 수준이 매우 높았고, 이런 낙인이 경찰관들이 심리적 도움을 찾는 데 방해가 되는 것으로 나타났다.

남들이 알까 겁나고 불안하다면

세계보건기구는 낙인을 "수치심, 불명예 또는 반감의 표시이며, 이로 인해 개인이 거부되고 차별을 받는 것"으로 정의했다. 이런 낙인은 개인이 정신건강 서비스 및 지원을 받을 가능성에 영향을 미치는 가장 중요하고 흔한 장벽이라고 했다.

 몇몇 연구 결과, 경찰관이 정신건강과 관련된 전문적인 도움을 찾는 것은 동료나 조직이 정신건강 문제에 낙인을 찍을 것이라는 인식에 영향을 받는 것으로 나타났으며, 이런 동료나 조직의 낙인은 도움 추구를 감소시켜 경찰관의 정신건강이 악화하는 것으로 이어진다고 보았다. 정신적 문제로 치료받은 사실을 빌미로 문제 직원으로 낙인찍힐까 두려워 치료를 미루거나 포기하게 된다는 것이다. 초기 증상이 나타났을 때 치료를 미루다가 오래 증상을 묵혀 악화한 상태에서 어쩔 수 없이 상담과 진료를 찾아오는 사례가 많다. 그렇게 오랫동안 이어온 증상은 치료 과정이 더 복잡해지고 회복되기까지 더 오래 걸리기 마련이다.

 직접 신청해서 자발적으로 상담을 요청한 경찰관들도 걱정을 내려놓기 어려워한다.

 "정말 비밀보장이 되나요? 불이익을 받게 되지 않을까요?"

 조직에서 지원받는 상담이니 염려하는 마음은 이해한다. 하지만 경찰 마음 건강 프로그램은 비밀보장을 원칙으로 한다. 아무리 상위 기관이나 높은 직급의 관리자도 누가 상담하는지 데이터에 접근할 권한이 없다. 나와 같은 상담자는 상담을 찾아오는 내담자의 이익에 반해 정보를 누설해서는 안 된다. 윤리 규정을 위반했을 때 상담 자격이 박탈될 수 있기 때문이다. 경찰 마음 건강 프로그램의 목표는 치료와 도움이 필요한 경찰관이 필요한 치료와 도움을 즉시 받도록 지원하는 것이다. 지원을 받아 잘 회복해서 업무를 할 수 있도록 돕는 것이다. 그럼으로써 조직과 구성원들이 건강해지도록 한다. 누군가를 낙인찍어 배제하는 것이 절대 아니다.

경찰관이 정신질환에 부정적인 편견을 갖는 것도 이해된다. 뉴스에는 조현병이나 우울증을 앓던 사람이 살인이나 흉기 난동을 부렸다는 소식이 종종 전해진다. 정신질환이 원인이 아님에도 사람들은 정신과 치료 경험 자체에 낙인을 부여한다. 이들을 가까이에서 만나는 경찰관 역시 그런 낙인효과로부터 영향을 받지 않기는 어려워 보인다.

우울증은 적절한 치료를 받고 관리하면 완치될 수 있으며, 조현병은 완치되는 질환은 아닐지라도 잘 치료받고 관리하면 일상생활을 무리 없이 해나갈 수 있다. 하지만 이렇게 잘 치료받고 관리하는 사람은 경찰관을 만날 일이 없을 것이다. 신고 출동해서 현장에서 만나는 사람 중에는 심한 정신질환을 앓고 있으나 사각지대에 있어 치료를 받지 않는 경우가 많다. 스펙트럼의 극단에 있는 사람들이다. 정신질환 때문에 통제가 안 되고 문제를 일으킨다, 돌이킬 수 없는 상태가 된다는 부정적인 편견이 생기기 쉽다. 일부 극단적인 사례를 접하면서 사실이 아닌 편견이 마음 깊이 자리잡을 수 있다. 그렇게 정신적 어려움을 겪는다는 것은 받아들일 수 없는 일이 되어버릴 수 있다.

마음의 건강부터 지킬 때

 경찰에 부여되는 역할과 그에 필요하다고 여겨지는 요건들 때문에 치료를 멀리할 수도 있다. 위험에 빠진 사람을 구하고 범죄자를 검거하고 조사하는 일을 하며 무기를 소지하기 때문에 경찰관은 강인해야 하고 객관적이고 냉철한 판단력이 필요하다. 신체적으로나 정신적으로 강인함과 체력이 뒷받침되어야 한다. 심리적 문제를 겪는다는 것은 약하다는 것으로 인식되어 경찰 업무를 하지 못할 것이라 여길 수 있다. 파트너와 나는 서로를 백업해주고 보호해줘야 하는데 정신과 치료를 받는다고 하면 불안하게 느낄 수도 있다.

 그런데 심리적 문제를 알아차리고 인정하며 적극적으로 치료받고 자신을 돌보는 것이 심적으로 강인한 사람이다. 낙인의 두려움 때문에 자신의 어려움을 인정하지 못하는 것이 오히려 문제를 키우며 업무에 방해가 될 것이며 자신과 타인을 보호하지 못하게 할 수 있다.

 상담이나 심리치료에 대한 오해들 때문에 꺼리기도 한다. 숨기고 싶은 마음을 억지로 드러내도록 파헤치는 것이 아닐까 생각하기도 한다. 물론 열린 마음으로 상담자와 협력하는 것이 치료 효과에 긍정적으로 도움이 된다. 그렇게 하기 위해서는 시간이 필요하며 내담자의 속도와 준비 정도에 맞춘다.

트라우마 치료 접근에서는 트라우마의 세세한 내용을 말하기 어려워할 때 치료자가 세부 사항을 듣지 않은 채로 치료 과정을 진행하기도 한다. 억지로 말하지 않아도 되는 것이다. 경찰관은 상담에서 내담자로 앉아 있는 경험을 수사나 조사의 대상이 되는 것으로 느끼기 쉬워 보인다. 상담자는 경찰관이 아니며 조사관이 아니다. 옳고 그름을 따지거나 판단하지 않는다. 상담실에 찾아오는 내담자가 상담의 주체로 존중받아야 하는 것은 상담의 주요 원칙이다.

힘들다거나 슬프다거나 화가 난다는 것을 표현하면 그 감정이 걷잡을 수 없이 터져 나와 통제할 수 없는 상태에 이르지 않을까 두려울 수 있다. 이 때문에 감정을 억누르고 감춘다. 상담하러 가면 이런 감정을 드러내야 하므로 상담도 꺼린다. 인식되지 못하고 쌓인 감정은 사소한 자극에도 원하지 않을 때 터져 나올 수 있다. 때로는 몸의 통증으로 나타나기도 한다. 상담은 안전한 환경에서 감정을 알아차리도록 하며, 감정을 조절해서 표현하도록 돕는 과정이다. 쌓이고 쌓이다가 한꺼번에 터져 나오지 않도록 조금씩 인식해서 흘러가고 소화하도록 하는 것이다. 감정은 위험한 것이 아니며 필요한 것이기 때문이다.

경찰 업무의 목적으로 정신건강 점검과 예방이 필요하다는 것은 많은 나라의 연구자와 실무자들이 동의하는 사실이다. 의무적인 상담이 배정되어 화를 내며 들어온 분들이 마칠 즈음에는 이런 시간이라면 필요하겠다고 처음과는 다르게 반기는 모습을 보이기도 한다. 경찰관들에게 스트레스를 돌보는 일은 항상 필요했다고 말도 덧붙인다. 현재 상태를 살피고 스트레스 관리 방법을 돌아보고 마음 건강을 위해 필요한 도움을 찾는 것이 특별한 일이 아닌 일상이 되길 바란다. 경찰관이 상담실을 어렵지 않게 걱정하지 않으며 들어오길 바란다. 힘들어하는 동료를, 조직원을 지지하고 응원하는 건강한 문화가 자리잡길 바란다.

가까워서 어려운 관계

사랑하는 사람에게 욱할 때

 경찰관들이 상담을 찾는 이유 중 대인관계 주제는 상당히 흔하다. 불안이나 우울 등 심리적 어려움을 주된 호소로 센터를 찾은 분들과 상담을 이어가다 보면 이면에 오래된 관계의 문제들이 자리하고 있을 때가 많다. 특히 커플, 부부 문제가 많다. 경찰관의 업무 스트레스는 개인과 커플, 가족의 영역으로 침범할 때가 많다. 아무리 일과 개인의 삶을 분리하려고 해도 사실상 완전한 분리는 불가능하다.
 가장 많이 호소하는 어려움은 욱하는 분노 감정을 조절하기 어렵다는 것이다. 특히 야간근무 동안 제대로 쉴 틈 없이 일하고 아침에 퇴근했을 때가 위기다. 밤새 놓지 못한 긴장과 날선 예민함이 집에 돌아온다고 바로 사라지기는 어렵다. 집 안의 흐트러진 물건들, 쌓여 있는 잡일, 아이의 칭얼거림 같은 일상의 소소한 문제들이 순간 눈에 들어오고 감각적으로 불편함이 일어나며 참기가 어려워진다. 온종일 민원인에게 시달리고 퇴근한 때도 비슷하다. 민원인에게는 같이 화를 내거나 싸울 수 없어서 꾹 참고 인내하는 경우가 많다. 이미 마음속 스트레스 그릇의 수위는 넘칠락 말락 한 상태다. 그런데 사소할 수 있는 집안일에 스트레스가 넘쳐 참지 못하고 배우자에게 큰 소리를 내고 만다.

또 다른 경우는 커플이나 가족을 지나치게 통제하고 걱정해서 문제가 생기기도 한다. 온갖 범죄와 사건, 사고를 접하다 보면 위험에 대한 예민함이 커지기 마련이다. 경찰인 자신은 직업적으로 선택한 일이고 자신을 보호할 수 있지만, 커플이나 가족은 그렇지 않다고 느껴진다. 귀가 시간을 체크하거나, 연락이 안 될 때 과도하게 화내거나, 심하면 운전하고 외출하는 일까지 간섭한다. 이면에 자리잡은 감정은 사랑하는 사람이 힘들어지면 어떻게 하나, 사랑하는 사람을 잃게 되지 않을까 하는 불안일 것이다. 원래의 의도는 사랑하니까 보호하려는 것이었으나 결과는 통제와 간섭, 잔소리와 억압이다.

과묵함과 반응 없음 때문에 갈등이 생기기도 한다. 경찰관은 위험이나 불편 앞에서도 묵묵히 할 일을 하도록 훈련하고 노력한다. 일하는 동안 감정을 최대한 억누르고 드러내지 않는 것이 권장되는 분위기다. 그러다 보면 감정을 알아차리고 표현하는 일이 줄어들고 어색해질 수 있다. 업무적인 일은 근무지 바깥에서 언급하기가 조심스럽다. 동료들과 나누는 것 외에는 자신의 힘든 마음을 드러내는 경우가 적다. 많은 일과 불규칙한 업무 일정 때문에 집안일이나 양육은 가족에게 오롯이 맡기고 제대로 들여다보지 못하는 경우가 많다.

최근 젊은 경찰관 아빠들이 육아휴직을 사용하기도 하며 일과 가정의 균형을 맞추려는 시도가 많아졌다. 너무나 반가운 일이다. 그러나 불과 얼마 전까지만 해도 아버지는 바깥일, 어머니는 집안일이라는 도식이 우리 사회에 익숙했으며, 보수적인 조직문화에서 이는 더욱 강했다. "밥 먹자", "자자" 두 단어 이상 말하지 않는 코미디 프로그램 속의 부부처럼 대화가 필요하지만 부부 사이에는 단절된 침묵이 놓인다.

때로는 경찰관 본인은 문제를 잘 느끼지 못하고 지내다가 가족 관계에서 갈등이 불거져 상담을 요청하는 때가 많다. 어떻게든 일을 감당하고 있으니 괜찮다고 여기지만, 어느새 함께 사는 사람들과 멀어져 있고 불편해져 있는 것이다. 자신이 뭔가 잘못되었음을 느끼기 전에 애인이나 배우자가 권유해서 상담실을 찾는 경우가 적지 않다.

나는 경찰관의 배우자를 만날 일이 있으면 업무의 특성 때문에 예민해지고 과각성 상태가 되기 쉬운 점을 많이 나눈다. 야간근무 후 날카로워지는 것이 당연하며, 낮 근무보다 훨씬 힘들다는 것, 온갖 위험하고 험한 사건이나 사고를 다루는 것을 이야기한다. 생각보다 많은 분이 경찰의 직업적 어려움을 알지만, 막상 경찰관인 배우자가 짜증을 내거나 욱할 때 이런 일의 특성을 떠올리기는 쉽지 않은 것 같다. 자신에게 불만이 있어서가 아니라 일 때문이었다고 다르게 바라보면 불만이나 갈등이 조금 가라앉는 경우도 많다. 그러나 언제까지 일의 특성으로 이해하고 참기만 한다고 능사가 아니다. 이런 문제에 한 팀이 되어 대처해야 하는데, 실상은 서로가 서로를 탓하거나, 비난하거나, 아예 피해버리고 멀어지기가 더 쉽다.

어느 관계나 문제는 있겠지만

어느 커플이나 부부에게나 불일치와 갈등 문제는 있다. 성인이 되어 만나기 전까지 각자 다른 환경 속에서 성장 과정을 거쳐 오면서 서로 다른 존재로 자라났다. 모든 것이 일치하고 모든 것이 맞는 사람은 없다. 어딘가는 어긋나 있고, 무언가는 다를 수밖에 없다. 중요한 것은 그 차이, 불일치, 갈등을 어떻게 다루는지 그 과정에 있다.

직장 관계, 친구 관계에서 우리는 어느 정도 너그럽게 물러서기도 하고 조심하기도 하면서 갈등을 최소화하거나 타협해나갈 수 있다. 그런데 누구보다 사랑하는 애인이나 배우자와는 이런 문제 해결이 오히려 더 어렵게 느껴진다. 그것은 애인이나 배우자와 성인 애착을 형성했고, 그래서 너무 중요하기 때문에 더 어려운 것이 아닌가 싶다.

애착이란 한 개인이 자신과 가장 가까운 사람과 형성하는 강한 정서적 유대관계를 말한다. 애착 이론을 창시한 존 볼비는 특정한 사람과 강한 정서적 연결을 맺으려는 경향성은 인간 본성의 기본적인 요소라고 했다. 아기는 본능적으로 양육자(주로 어머니)에게서 떨어지지 않으려 하고 양육자의 민감한 반응을 통해 안정감을 찾는다. 실제로 어린 아기는 혼자서는 생존할 능력이 없다. 먹여주고 입혀주고 재워주는 성인의 돌봄 없이 아기는 살아남을 수 없다. 또한 양육자와의 따뜻한 접촉과 위안이 없으면 정서적 발달을 안정적으로 이룰 수 없다. 양육자에게 다가가고 의존하려는 애착의 본능은 기본적으로 생존의 본능이라고 할 수 있다.

애착 관계와 따뜻한 접촉과 위안은 아이에게만 중요한 것이 아니다. 성인에게도 친밀한 관계에서 제공되는 '애정 어린 위로'는 신체 및 정신 질환을 막아주고, 질환으로부터 회복하는 힘을 증가시키는 것으로 나타났다. 외로움은 하루에 담배 15개비를 피우는 것만큼이나 해로우며, 사회적 지지가 없는 것과 고독이 건강문제의 위험 요인이라고 많은 연구가 보고하고 있다. 공공 건강 영역에서 이런 관점이 주목받고 있으며, 2018년 영국에서는 세계 최초로 외로움(loneliness) 담당 부서와 장관이 임명되었다. 일본은 코로나19 팬데믹 이후 자살하는 이들이 급증하면서 2022년 2월 고독·고립 담당 장관을 임명하고 국가가 고독 속에 방치된 사람을 지원하기로 했다.

애착 관계, 친밀감과 정서적 유대감, 따뜻한 접촉과 위안에 대한 욕구는 인간의 근본적이고 기본적인 욕구다. 우리가 어렸을 때 애착을 통해 생존과 정서 발달을 이루어갈 수 있었던 것처럼 어른이 된 우리에게도 중요한 타인과 애착을 형성하고 연결되는 감각은 신체적이고 정서적인 삶에 매우 중요한 요소다. 이렇게 애착, 사랑으로 연결되어 삶의 여정을 함께하는 커플, 부부 관계가 위기에 처할 때 우리의 삶은 뿌리부터 흔들린다.

우리는 정말 사랑하고 있을까

직장 관계는 인사이동과 같이 지나갈 기회가 있기 마련이지만, 커플이나 부부는 헤어짐을 말하기가 쉽지 않다. 법적 또는 사회적으로 이어진 부부관계는 말할 것도 없고, 부부가 아니더라도 사랑의 관계로 이어진 파트너와의 연결이 끊어지는 것은 자신의 일부를 잘라내는 것처럼 아프고 두려운 일이다. 이런 고통과 두려움 때문에 연인이나 부부 관계에서 날카로워지고 방어적으로 되기 마련이다.

표면적인 문제는 '야간근무 후 피곤한데 왜 집 안이 정돈되어 있지 않은가?'라는 경찰관 배우자의 입장과 '왜 과도하게 통제하며 화를 내고 거칠게 말하는가?'라는 상대 배우자의 입장 간 부딪침이다. 여기서 누가 옳은지 그른지 범인 찾기를 시작하면 끝이 없는 논박의 미로에 갇히고 만다. 손바닥도 맞부딪쳐야 소리가 난다는 말처럼 관계란 상호작용이며, 관계 문제에는 각자 기여한 몫이 있다. 상대를 탓하기 전 각자 자신의 몫을 인정하고 받아들여야 한다. 물론 폭력이나 외도, 중독 문제처럼 명확한 개인의 문제도 있다. 개인이 철저하게 자신의 문제를 인정하고 책임을 다하고 복구하고자 노력할 때 관계 문제도 변할 수 있다.

표면의 문제 아래에는 애착과 관련된 두려움이나 욕구가 숨어있다. 야간근무 후 돌아왔는데 집 안은 어지럽고 배우자는 자신을 본체만체한다. 이때 상대방이 자신을 생각해주지 않는다는 마음이 들 수 있다. 자신이 사랑하는 사람에게 가치 있는 존재로 여겨지지 않는다는 생각까지 이어질지도 모른다. 존중받지 못하고 무시당하는 게 아닌가 하는 최악의 생각으로 치달을 수도 있다.

그렇게 생각이 달려가고 있을 때 상대방의 마음도 달려가고 있다. 밤새 아이가 아파 혼자 제대로 자지 못한 채 아이를 보살폈는데, 막상 퇴근하자마자 화를 내다니……. 상황을 알아볼 생각도

하지 않고 나를 함부로 대한다는 생각이 든다. 아이를 돌보고 집안일을 하는 도구적인 사람으로 대하는 건 아닌지, 나를 진심으로 사랑하는 것은 맞는지 의구심이 들 수 있다.

우리는 모두 자신이 중요한 상대에게 가치 있는 존재, 사랑받는 존재가 되고 싶은 욕구가 있다. 그렇지 않다고 느껴지면 애착이 깨지는 고통, 존재가 위협받는 두려움을 경험하게 된다. 애착과 관련된 고통과 두려움은 상당히 강렬하다. 애착은 본래 생존 본능과 연결되어 있기 때문이다. 강렬한 감정이 일어나면 강렬하게 반응하거나 방어하게 된다. 사랑받고 싶은 욕구를 드러냈다가 거절당한다면 상처가 너무 크기 때문에 그 욕구를 표현하기보다 화를 내고 문제를 지적하고 방어하게 된다. 분노, 비난, 회피, 방어에 대해 상대방 역시 마찬가지로 분노, 비난, 회피, 방어로 응수한다. 여기서는 부드럽고 취약한 감정을 드러내기가 어렵다. 가장 깊이 있는 욕구와 감정은 숨어버리고, 드러나는 표면의 문제와 이에 대한 분노와 비난만이 난무한다.

이때 잠시 멈추고 자신의 감정과 욕구를 알아차릴 수 있다면, 그리고 취약한 감정과 욕구를 상대방에게 표현할 수 있다면 어떨까? 정서 중심 부부치료는 부부 갈등의 이면에 애착과 관련된 취약한 정서가 숨어 있다고 보았고, 공격과 방어를 멈추고 애착 정서를 표현할 때 두 사람이 안정적으로 연결될 수 있다고 본다. 상담실에서는 커플과 이런 과정을 진행한다.

"당신이 나를 봐주지 않을 때 가치 없는 사람이 되는 걸까 위축되고 두려운 마음이 들었어. 그래서 오히려 화를 냈어. 사실 당신이 나를 봐주고 인정해주었으면 해."

부드럽고 약한 마음을 드러낼 때 상대의 마음이 가라앉을 수 있고, 염려와 돌봄의 마음으로 돌아설 수 있다. 우리는 취약함을 통해 연결된다. 애착 욕구를 표현할 때 결합할 수 있다. 그러고 나면 집안일을 분담하는 문제, 야간근무 패턴에 적응하는 문제와 같은 공동의 어려움에 한 팀이 되어 대응할 수 있다.

서로가 적이 되어 싸우는 것은 소모적일 뿐 아니라 너무나 고통스러운 일이다.

지금, 화를 내고 앵돌아지는, 습관처럼 되어버린 패턴을 멈추고, 내 앞의 상대방에게 진심을 전해볼 수 있을까? 그리고 경찰관의 배우자로 함께 고생하고 있다고 토닥여주면 좋겠다.

우리에게는 무지개가 있다

엑스레이로 볼 수 없는 것

 상담이나 정신과 치료를 시작하면서 하는 걱정 중 하나는 "지금 겪는 어려움이 과연 나아지는 것일까?" 하는 우려다. 정신과 질환은 완치할 수 있을까?

 정신과 질환이라고 하면 치료 불가능한 어떤 심각한 상태에 빠지는 것으로 느껴질 수 있다. 그래서 누군가는 정신과 질환에 다가가는 것을 원천적으로 차단한다. 정신과나 상담을 처음부터 가지 않는 것이다. 가지 않으면 진단을 받을 일이 없어진다. 그야말로 눈 가리고 아웅이지만, 당사자에게는 그만큼 두려운 것이다. 두려움에도 불구하고 치료 장면을 찾았다면 이미 시작이 반인 셈이다. 그리고 분명한 것은 정신과 질환은 문제로부터 회복할 수 있다는 것이다. 질환 상태, 그리고 회복 상태를 무엇으로 정의하느냐에 따라 조금씩 달라질 수 있다.

경찰관들 중에는 업무가 긴급해서인지 상담과 치료에서도 조급해지는 경향을 보이는 분들이 꽤 있다. 심리적 어려움을 겪는 사람이라는 정체성, 환자나 내담자로 불리는 정체성을 견디기 어려워한다. 그것이 자신의 전체가 아님에도 불구하고 빨리 딱지를 떼어내려 한다. 성실한 분도 많아, 열심히 참여하고 평소에도 노력한다. 그런데 노력을 기울이는 만큼 속도가 나지 않는지 의아해하는 순간이 온다. 나아진다면 얼마나 시간이 걸릴지, 나아진 것을 어떻게 확인할 수 있는지 답답해한다. 뼈가 부러지면 엑스레이를 찍어 보듯이 마음 상태도 엑스레이 같은 기계로 찍어 볼 수 있다면 얼마나 좋을까.

엑스레이만큼은 아니지만, 심리평가를 하고 주관적 보고를 점수화하는 노력을 기울이며 진전의 정도를 가늠한다. 어떤 심리적 증상들은 좀더 명확해 보이기도 하지만, 대부분은 타고난 유전 소인, 생물학적 조건, 환경과의 상호작용, 사회문화적인 영향 등 여러 요인이 얽혀 있는 때가 많다. 몸이 아플 때 약을 먹고 치료하면서 건강한 식습관을 만들고 운동으로 체력을 기르는 것처럼 마음이 아플 때도 약을 먹고 치료하면서 건강한 패턴을 만들고 마음의 근력을 키우는 것이 필요하다. 그런데 이런 과정은 그렇게 단순하지가 않다는 점이 문제다.

빛은 나선형으로 다가온다

 정신건강 연속성 모델에서는 건강한 상태와 질병이 있는 상태는 고정된 것이 아니라 연속적으로 움직이고 변화하는 것으로 본다. 즉 건강한 사람은 평생 건강한 상태에만 머무르지 않고 때때로 상황이나 조건에 따라 힘든 상태로 바뀌며 심해지면 질병 상태까지 갈 수 있다. 반대로 질병을 앓는 사람도 다시 건강한 상태로 돌아갈 수 있다. 이 스펙트럼 사이를 오가는 것이 보통 사람들의 삶이다. 정신과 질환을 앓는 사람에게 낙인을 찍을 필요가 없으며, 건강하다고 방심하거나 방치하면 안 된다.

 질병을 겪는 상태에서 건강한 상태로 되돌아가면서 크고 작은 재발을 겪을 수 있다. 정신건강 문제에서 회복하는 과정 중 이런 재발은 자연스러운 것으로 여긴다. 일어나지 않으면 좋겠지만 그러기가 어렵고, 회복 과정에서 한 번 이상 거치게 되는 것으로 보기도 한다. 피할 수 없는 재발 경험을 자신의 취약성을 살피는 기회로 삼을 수 있다. 중독 문제라면, 자신이 어떤 때 중독의 유혹에 강하게 끌리는지, 무엇이 필요한지 알아볼 기회다.

 내가 가까이에서 목격한 경험을 소개한다. 술 없이는 못 살 것처럼 술을 좋아하던 배우자가 어느 날 자신이 술을 즐기는 것이 아니라 술에 끌려다니는 것을 발견하고 금주를 선언했다. 정신과 약의 도움을 받아 몇 개월 성공적으로 금주를 이어갔을 때, 이제는 술을 즐길 수 있겠다는 생각이 들었다고 한다. 그렇게 한 잔 입에 댄 순간 다음은 기억이 나지 않는다고 했다. 재발을 통해 남편은 이제 술 한 모금도 자신에게는 위험하다는 것을 발견했다. 이후로는 안정적으로 금주를 유지하고 있다. 재발을 자연스러운 과정으로, 위기를 알아볼 기회로 받아들이지 않는다면 재발이 일어났을 때 자책하고 절망하기 쉽다. 자책과 절망은 병을 악화시킬 뿐이다.

상담 과정 중에 계속 한 자리를 맴도는 것 같다고, 자신은 나아질 수 없는 것 같다고 좌절감을 토로하는 경우가 있다. 위에서 보면 정말 한 자리를 맴도는 것으로 보인다. 비슷하거나 거의 같아 보이는 문제로 반복되는 어려움을 겪는 것이다. 그러나 상담실을 찾았고, 자신과 주변을 돌아보며 성찰하는 사람이 같은 자리에 있을 리는 없다. 위에서 바라보면 같은 자리이던 것이 옆에서 바라보면 나선형으로 조금씩 위로 올라가고 있음을 볼 수 있다.

회복의 궤적은 직선적으로 한 방향으로 올라가는 그래프처럼 이루어지지 않는다. 구불구불하게 오르락내리락한다. 어떤 날은 잘 지냈다가 다른 날은 다시 힘들게 느껴진다. 가까이에서 보면 변덕스러운 기복만 보이겠지만, 멀리 떨어져서 바라보면 분명 우상향하는 방향으로 전체적으로 나아지고 있는 것을 볼 수 있다. 매 순간 일희일비하지 말고 넓은 관점으로 관찰하는 것이 도움이 된다. 상담 과정에서 경험한 것은 자신의 몸과 마음을 통해 체험한 것이므로 없어질 수 없다. 앞으로 비슷하거나 같은 어려움이 다시 올 수 있겠지만, 분명 이전과는 다를 것이다. 어려움을 대하는 사람이 달라졌기 때문이다.

조급하고 더디고 힘들더라도

 정신분석에서는 자신의 마음에 대한 통찰을 얻었다고 변화가 자동으로 일어나지 않는다고 본다. 깨달음 후에 필요한 것이 훈습으로, 이는 반복적이고 지속적으로 자신의 온전한 경험을 깊이 이해하고 적용하고 소화하는 과정이다. 뇌는 신경가소성을 가진다. 특정한 경험을 반복하면 관련 회로가 강화되고 안정화된다. 반대로 사용하지 않는 회로는 약화되고 소멸된다. 몸에 배어 있는 행동이나 사고의 패턴은 도움이 되지 않는데도 때로는, 심지어 해가 되는데도 쉽게 바뀌지 않는다. 그러나 수풀이 우거진 곳에 사람이 다니다 보면 어느새 길이 만들어지는 것처럼 새롭게 만들기로 선택한 패턴은 반복할수록 자신에게 익숙한 것이 된다.
 상담 교육을 받을 때 실습 시간에 상담자는 자신의 문제를 예시로 다룬다. 다들 상담을 직업으로 삼은 사람들이고, 상담을 받은 경험이 자격 과정상 필수적이며, 여러 교육에서 문제 다루기를 반복하는데도 매번 또 할 것이 있다는 사실이 경악한다. 문제가 없어서 실습하지 못하면 좋겠다고 상상한다. 불가능한 일이다. 하지만 같은 문제를 다루더라도 10년 전과 올해가 다르고, 심지어 어제와 오늘이 다르기도 하다. 수용하고 변화하려고 할 때, 그리고 노력을 기울일 때 미미하더라도 나아가게 마련이다.

심리치료자이면서 본인이 약물중독과 우울증에서 회복한 경험이 있는 테리 리얼은 "우울증에서 회복하려면 '힘든 참회'가 필요하다"고 강조했다. 수치심이나 결핍감을 감추고 방어하기 위해 중독, 과장, 허세, 공격 같은 방법들을 사용하곤 하는데, 이는 사실 감춰진 우울증의 역동이라고 설명한다. 우리는 살면서 많은 실수와 잘못을 저지른다. 줄이려 노력하지만 완전히 없앨 수는 없다. 우울증이나 마음의 병을 앓는 상태에서는 방향이 어긋난 방어의 전략 때문에 잘못된 선택과 행동을 더 할 수 있다.

우리가 아프고 힘들어하는 동안 누군가를 힘들게 할 수 있다. 마음의 병이 깊어 사랑하는 사람과 좋은 시간을 보낼 수가 없다. 함께 있을 수 없거나 함께 있어도 고통 속에 있게 된다. 일에서의 효율이 저하되고 실수나 사고 위험이 커진다. 동료에게 부담을 지우는 때도 생긴다. 힘들어했던 시간 동안 주변의 누군가를 떠나보냈을 수 있고, 여러 기회를 놓쳤을 수 있다. 자신과 옆에 남아 있는 사람들은 이미 상처를 입은 채 있다.

상처를 알아차렸을 때 힘든 참회가 필요한 순간이다. 소모적인 자책이 아니라 문제와 부족함, 상실과 결핍을 인정하고 수용하는 것부터 해야 한다. 자신을 깊이 돌아보고 복구하고 변화하려는 노력을 기울여야 한다. 설령 완전히 복구되지 않더라도 앞으로 반복하지 않겠다는 결심과 전념이 필요하다. 마음의 병이나 문제가 생긴 것은 과거 어려운 환경, 제한된 시야와 부족한 역량 속에서 피하기 어려웠을 수 있다. 그러나 알게 된 순간부터 회복의 주체는 자신이 된다. 자신의 책임, 자신이 져야 할 몫, 잃어버린 것에 대한 애도, 깊은 참회가 뒤따른다.

애착 이론에서는 어느 양육자도 완벽하지 못하기 때문에 공감의 실패를 겪을 수밖에 없다고 한다. 양육자가 아이를 공감해서 적절한 애정과 훈육을 제공해야 하는데, 시작점인 공감에 실패한다는 것은 뒤이은 애정과 훈육 제공에도 실수나 잘못이 있을 수 있다는 것이다. 중요한 것은 실수나 잘못을 전혀 하지 않는 것이 아니다. 그것은 불가능하다. 대신 공감하는 데 실패했다는 것을 인정하고, 그에 따른 아이의 감정을 수용하고, 어긋나거나 빠뜨린 부분을 복구하려는 노력이 더 중요하다. 조율과 실패, 복구가 한 사이클을 이룬다. 실패는 피할 수 없으며, 복구는 실패와 한 세트다. 실패를 없던 일인 척하고 다시 잘 지낼 수는 없다. 그렇게 한다면 더 큰 균열이 생길 것이다. 실패하더라도 잘 복구하면 양육자와 아이는 전보다 더 잘 조율되고 연결된 상태를 경험하며 성장한다. 자신의 마음을 성숙시키는 과정에도 적용할 수 있을 것이다.

우리 곁에 깃드는 빛

 변증법 행동치료에서 근본적인 목표는 살 만한 삶, 살고자 하는 삶을 사는 것이다. 그리고 원하는 삶의 방향으로 나아가기 위해 어떤 행동을 늘려야 하는지, 반대로 어떤 행동을 줄여야 하는지 찾고 구체적인 목표를 설정한다. 증상을 조절하려는 것은 궁극적으로 살고자 하는 삶을 살기 위함이다. 회복하기 위해서는 폭풍우 속에서도 무지개를 떠올릴 수 있어야 한다.

 상담에서는 절망의 상태에서 떠올리기 어렵더라도 살고 싶은 삶의 모습을 아주 구체적으로 그려보도록 시도하기도 한다. 시간이 어느 정도 지나 나아진다면 그때 나의 하루는 어떤 모습일까? 증상이 없는 날이라고 떠올릴지도 모른다. 하지만 구체적으로 일상을 짚어 가다 보면 내가 하고 싶은 일, 함께하고 싶은 사람, 도전하고 싶은 것, 즐기고 싶은 것 등등 많은 것이 거기에 있다. 불안이나 우울, 두려움, 수치심, 좌절감과 같은 감정은 정도의 차이가 있을 뿐 없어질 수 없고 없어져서도 안 된다. 원하는 삶을 살고자 하는 것이지 감정이 없는 깡통 로봇이 되는 것이 목표가 아니다. 부정적인 감정, 증상이 있더라도 이를 돌보고 조절할 수 있으며, 원하는 삶을 살아갈 수 있다.

 수용 전념 치료에서는 증상과 줄다리기하는 것을 멈추라고 강조한다. 줄의 한쪽 끝에는 불안이나 우울과 같은 증상의 괴물이 줄을 맹렬히 잡아당기고 있다. 줄의 다른 끝에는 증상과 싸우는 사람이 쩔쩔매며 끌려가지 않으려 애쓰고 있다. 둘 사이에는 깊은 함정이 있어 자칫 힘이 빠지면 줄에 딸려가 가운데에 입을 벌리고 있는 구덩이에 빠질 것이다. 거기에 빠지지 않으려면 어떻게 해야 할까? 지금 잡고 있는 줄을 내려놓으면 된다. 줄다리기에 힘을 빼지 말고 살고자 하는 삶을 살아야 한다. 그러기 위해 하고자 하는 것에 전념해야 한다.

구체적인 회복 상태, 회복으로 가는 여정은 개인마다 다를 것이다. 상담과 치료 기간 역시 제각각이다. 일시적인 충격으로 인한 스트레스는 몇 회 진행하면서 안정될 수 있다. 반복적인 충격과 누적된 스트레스, 오래된 부적응적 패턴이 있을 때는 장기적인 상담이 필요하다. 또한 증상 완화를 목표로 할 때와 삶의 전반적인 재편을 목표로 할 때 회복까지 기간과 방법이 달라질 수 있다. 보통 상담을 시작할 때 내담자의 기대와 목표를 점검하고 함께 방향을 잡는다. 이런 목표와 방향은 상담을 진행하면서 진전을 점검하면서 바뀔 수 있다. 상담에서 내담자는 수동적인 존재가 아니라 치유와 회복의 주체다. 상담 목표와 방향 설정은 상담자와 내담자가 함께하는 역동적이고 협동적인 과정이 된다.

나는 시립병원 정신과에서 임상심리 수련을 하던 때, 초보 치료자라 많이 긴장해서인지 맡은 일과 관련된 꿈을 자주 꾸었다. 투사검사를 채점하는 꿈, 평가 스케줄을 짜는 꿈, 사례회의에서 발

표하는 꿈 같은 것들이었다. 어느 때는 여러 사람을 앞에 두고 흰 가운을 입은 내가 칠판에 '회복이란 무엇인가?'라고 힘겹게 적고 있었다. 꿈에서 깨고 나서 얼떨떨한 상태로 휴대폰 메모장을 열어 꿈 내용을 기록하고, 말미에 "정말 회복이란 무엇인가?"라고 썼다. 각자 제각각인 회복의 길에 무지개와 같은 희망이 깃들길 바란다.

인격적으로 점잖은 무게 '드레'

드레북스는 가치를 존중하고 책의 품격을 생각합니다